経済学者が語る スポーツの力《ちから》

佐々木 勝
MASARU SASAKI

有斐閣

『経済学者が語るスポーツの力』　目　次

はじめに――なぜスポーツが経済学の研究対象になるのか？

スポーツで培われる非認知スキル

２０２１年6月6日、布施スプリント――晴天、高すぎず低すぎない気温、そしてスタートラインからゴールまで流れる追い風という絶好のコンディションのなか、１００m決勝で山縣亮太選手はスタートダッシュから力むことなくスムーズにホームストレートを駆け抜け、これまでの記録を０・02秒縮める9秒95の日本新記録を樹立した。追い風2・０mと公認されるギリギリの条件だったが、見事、その時点で今季世界8位となる記録を叩き出した。そして、好調を維持したまま、6月25日に開催されたオリンピック代表選考会を兼ねた日本選手権で見事3位に入り、オリンピック出場の切符を手に入れた。

山縣選手はこれまで順風満帆な競技生活を歩んできたわけではない。これまで自己ベスト10秒00を2回も出しながら、なかなか０・01秒の壁を乗り越えて9秒台に突入することができなかった。

その間、後輩に先を越されてしまい歯痒い思いをしたであろう。さらに、度重なる怪我や病気に悩まされ、心が折れそうになったこともあっただろうと推察される。

山縣選手がこのように継続して努力し、研究し、怪我や病気をしてもくじけないメンタリティを持って陸上競技に取り組めるのは、彼自身の中に他の人々よりも強い克己心、自制心、そして根性があるからだと思われる。彼にそんな克己心、自制心、根性が備わっているのは、ひとえに彼が持つ生まれつきの特性だとまずは考えられる。つまり、それらが彼のＤＮＡに組み込まれているというわけだ。

ただ、すべて生まれ持った特性という先天的な要因だけで克己心、自制心、そして根性の程度が決まるのではなく、後天的な要因も大きく影響を与えると考えられる。山縣選手は小学生のときから地元の陸上競技クラブに所属し、中学、高校、大学と陸上競技に取り組んできた。ここでは毎日の競技生活を通して得られる経験、教訓や気付きが自身の内面にある克己心、自制心、そして根性を強化していったと考えられる。

競技生活のなかでは何十回も試合があり、勝つ時もあれば負ける時もある。負けたくないという気持ちから、勝つために歯を食いしばって練習に励むことで根性を身につけられる。ただがむしゃらに練習するだけでなく、体調管理も必要だ。いくら好物でもスポーツ選手として好ましくない食べ物は控える自制心も競技生活を通じて培われる。山縣選手のように、競技生活のなかで怪我や病気になることはよくある。ライバルやチームメイトが練習し、試合で結果を出すのを傍で見ているとつい焦ってしまう。その焦る気持ちを抑えて、治療に専念するべきという心の持ち方をコントロールすることを学ぶのも競技を通じてである。

このような克己心、自制心、根性はスポーツ競技を通じて得られる「技能」、または「スキル」と捉えることができる。このようなスキルのことを「非認知スキル」という（詳細は第1章）。非認知スキルは競技生活だけでなく、社会生活全般において必要なスキルである。

社会人生活でも非認知スキルが必要であることは容易に想像できるであろう。時には納期に間に合わせるために根性を出さなければいけないときもある。同期に負けないように足を棒にしながら営業先を訪問するときもある。嫌な上司や取引先相手に対しても感情的にならず、あくまでプロジェクトを前に進めるためにぐっと堪える自制心が求められる場面もあるだろう。また、課された仕事を着実に仕上げる克己心は社会人として必要である。

このような社会人にとって必要なスキルを習得する機会の一つとして、本書ではスポーツ活動を取り上げる。たとえば、苦しかった部活動の経験から身につけた非認知スキルが社会人生活に役に立つと考える。

ここまでは、スポーツ活動によって克己心、自制心、根性のような個人レベルの非認知スキルが身につくことを述べてきたが、とりわけ団体スポーツ活動を通じては協調性や統率力のような非認知スキルを身につけることができる。

たとえば、メジャーリーグで活躍するエンゼルスの大谷翔平選手。投打の二刀流として活躍しているが、今季はとくにバッターとしての活躍が目立つ。ついには日本人メジャーリーガー初のオールスターのホームランダービーに選ばれた。ハイペースでホームランを打っているが、一時期勝負することを避けられ、ほぼ意図的なフォアボールが多かった。しかし、大谷選手は勝負させてもらえないことに腐ることなく、フォアボールで1塁に出ればチームの勝利のために積極的に盗塁を試みた。打撃で貢献できないのなら、その代わりに足で稼ぐことでチームに貢献しようとする協調性が感じられる。

このチームに貢献する姿勢は、エンゼルスに移籍してから指導されたものではなく、彼が小さいころから始めた野球人生のなかで学び、教えられたことであろう。同時にチームを引っ張る統率力や補欠になってしまった部員に対するいたわりや思いやりの必要性や重要性も学んだであろう。このようなスキルはプロの野球選手だけでなく、一般の社会人として身につけておくべきものであることは容易に理解できる。

スポーツ選手の活躍が人々に与える影響

冒頭の山縣選手の話に戻りたい。幾度の怪我や病気を乗り越えて達成した9秒台と日本新記録樹立は、陸上競技ファンのみならず多くの国民に感動をもたらした。彼のあきらめない努力に敬意を払うと同時に、彼から大いに刺激を受け、自分も「明日からまたがんばろう」と心を新たにした人は多いことだろう。一般の人でもそう感じるなら、山縣選手が所属しているセイコーホールディングスの社員は、なおさらそう感じるのではないだろうか。社員は「同僚」の活躍を目の当たりにし、自分も山縣選手に負けないようにがんばろうと働く意欲や士気（モラール）が高まったのではないかと予想される。

スポーツ選手の活躍は人々に感動を与え、前向きな気持ちにさせてくれる。それが、たとえば社会人の場合、働くモラールを高め、以前よりも積極的に働くような行動変容をもたらす。スポーツ選手がもたらす感動の度合いは、その選手との物理的・心理的な距離が近ければ近いほど強くなる。そのスポーツ選手が自分と同じ会社に所属していたり、同じ大学出身者であったり、同じ都道府県出身者であったりする場合である。自分と共通のグループに所属しているので、そのスポーツ選手の活躍がまるでわが事のように感じられ、感動の度合いが強くなるのである。

ここに企業がスポーツ選手を支援する理由があると考えられる。単に広告塔の役割を果たすだけでなく、仲間の一員として従業員のロール・モデルとなってもらい、彼・彼女らの見本として振る舞ってもらいたいという意図があると考えられる。

スポーツの力

スポーツには、健康維持・増進を促進することで労働者の生産性を高めたり、健康的な高齢者を増やし、要介護認定率を下げることで介護費の増加に歯止めをかけたりすることが期待されている。しかし、スポーツの役割はそれだけではない。スポーツ活動を通じて社会生活に必要な非認知スキルを習得することができるし、スポーツ選手の活躍は人々に感動を与え、それが働くモラールの向上につながると考えられる。

経済学という学問から何を学ぶかというと、自分の生活を豊かにし、ウェルビーイング（幸福度）を高めるために、限りある資源であるお金や時間をどう配分すればよいのか、そしてひいては自分自身だけでなく社会全体のウェルビーイング高めるにはどうすればよいのか、ということである。わざわざ時間を割いてスポーツに励むことは正しい時間の使い方なのだろうか？　企業にとって限りある予算のなかからスポーツ選手の支援に使うことは経営の観点から正しい戦略なのだろうか？　こう考えると、スポーツが人々にもたらす効果を考察する場合、経済学というツールは役に立つといえる。

本書では、「スポーツ」に焦点を当て、その役割を単に健康維持・増進のためだけではなく、人々の教育や労働の生産性に与える影響、スポーツ支援する企業の戦略、スポーツ政策や行政が社会にもたらす効果という側面からスポーツの本当の力を伝えたい。

ここでは経済学の知見を用いながら、スポーツの力を説明しているが、本書は一般向けのものとして想定しており、とくに経済学の知識がなくても読み進められるように執筆したつもりである。念頭に置いている読者層としては、スポーツ・クラブや部活動に励む子どもを抱える保護者、スポーツ・クラブや部活動の指導者や顧問の教員、スポーツ・ビジネスに携わる人々や企業スポーツ・チームの管理監督者、スポーツ政策・行政に従事する担当者を想定している。

本書を通じて親や指導者・顧問教員は、部活動を継続するかどうかに悩む子どもに対して、そのメリットとデメリットを明確に説明することができるだろうし、企業スポーツ・チームの存在意義や運営の方向性を考えなければいけない管理監督者にはその参考になるだろう。さらには、スポーツ・イベントを開催するか、または市民に対してスポーツ促進事業を始めるべきかを決定し、推進する行政・政策担当者に適切なアドバイスやヒントを提供できることも期待している。

本書の概要

本書の内容は大きく三つのテーマに分けられる。第1のテーマは「スポーツと教育」であり、第1章から第3章までが該当する。第1章では、スポーツ活動というものが、知識の習得や論理的思考力を身につけることを目的とした一般的に考えられている教育とは異なり、将来、社会人としてさまざまなコミュニティで活動するうえで必要なスキル（非認知スキル）を身につけることを目的とする教育であると捉える。

一般的に男性のほうがスポーツに励んでいる印象を持つが、第2章ではスポーツ活動が将来の女性の学歴やキャリアに影響を与えるのかを検証した研究を紹介し、女性にとってもスポーツに励むことが未来のために重要であることを説明する。第3章では、行動経済学の話題に移り、選手は設定した目標を下回ることを嫌がる「損失回避的」な特性を持っていることを示す。設定した目標を下回りそうな局面において、それを回避するために土壇場で選手が頑張れるのは、根性という非認知スキルを彼・彼女らが持っているからだと考える。

第2のテーマは「スポーツと企業」であり、第4章から第6章までが該当する。働くインセンティブをどう高めるか、職場内の差別をなくすにはどうすればよいのか、というのは一般的な職場だけでなく、スポーツ・チーム内でも大きな課題である。またプロスポーツの場合、チーム間の移籍は労働者の転職と違ってかなり制限されており、競争法や労働法の観点から問題となっている。さらには、近年、盛んに提唱されている人材のダイバーシティは本当に組織の生産性にプラスの効果があるのかという疑問がある。第4章と第5章では企業内でも抱えている課題をスポーツの世界に置き換えて考察する。第6章では、今でも日本スポーツ界の発展を支える企業スポーツを取り上げ、企業がスポーツ・チームを持つことが、従業員にどのような影響を及ぼしているのかについて独自のデータから検討する。

第3のテーマは「スポーツと社会」であり、第7章から第9章までである。第7章では、その日本スポーツ界を支える企業スポーツに人材育成を頼りきりでよいのかという問題提起をし、政府や行政・自治体が地域コミュニティを巻き込んで、今後どのようにスポーツ人材育成に関与すべきかを論じる。第8章は、経済効果に関することである。東京オリンピック・パラリンピック大会を迎えるにあたり議論の的になった経済効果については、今後も検討されるであろう。その参考として、大会終了からある程度の期間の経済データが蓄積された長野オリンピック・パラリンピック大会を題材にして、経済効果があったのかを検証する。最後の第9章では、スポーツが高齢者の健康増進に寄与し、要介護認定率の引き下げに有効であることを示し、高齢者がスポーツに取り組めるような対策を考察する。

本書の執筆にあたり、これまでに研究雑誌に掲載された研究成果、一般向けの雑誌に寄稿した文章、高校生・一般向けの講演の内容をベースに説明した。研究雑誌や一般向け雑誌に掲載した論文や文章は巻末の参照文献を見てほしい。[1] 研究論文の共著者であり、同僚でもある大竹文雄氏、そして研究会でお世話になっている三好向洋氏に御礼を申し上げる。また、スポーツ・データを使って経済学の研究に取り組む大学院生の丹治伶峰氏（大阪大学大学院経済学研究科）には、草稿を注意深く読んでいただき、間違いを指摘し訂正していただくと同時に、貴重なアドバイスを頂戴した。そのほか、後藤優子さん、後藤理佐さんにも草稿を読んでいただき、内容や表現の確認をしていただいた。ご協力くださった皆様に感謝したい。

有斐閣の渡部一樹さんは、本書の執筆を勧めてくださった。当初、２０２０年東京オリンピック・パラリンピック大会開催に合わせて執筆していたが、1年延期になったことで、急激にやる気が失せてしまった。そのときも急かすことなく、適切なタイミングで背中を押してくださった。今回、初めて本を執筆することもあり、不安な部分もあったが、そのたびに適確なアドバイスをいただき、非常に心強い思いをした。

最後に、執筆をサポートしてくれた家族に感謝を伝えたい。

2021年6月

佐々木　勝

第1章

スポーツから非認知スキルを習得できるか？
――勉強だけでなく協調性、統率力、根性も社会人には必要

はじめに

多くの中学生や高校生は学校教育の課外活動として運動系の部活動に参加したり、小学生の場合だと地域のスポーツ・クラブに所属したりして日々練習に励んでいるだろう。大学生もまた体育会系の部活動だけでなく、サークル活動のように有志が集まり自発的にスポーツ活動を楽しむ機会を持つことができる。課外活動におけるスポーツ活動の経験は、社会の一員として必要な人間形成に役に立つのはなんとなく理解しているが、その重要性をエビデンスとして定量的に評価することはあまり多くなかったように思われる。本章では、青少年期におけるスポーツ活動を通じて、社会人

として必要な協調性、統率力、忍耐力・根性、気配り、思いやりの心などを示す「非認知スキル」を習得し、それが将来の賃金や昇進にプラスの効果があることを示す。

教育は自分自身への「投資」

まず中高生に限定したうえで課外活動状況を概観する。図表1－1のスポーツ庁の調査から中学生では掛け持ちも含めると運動部に所属している割合は72・5％、高校生の場合、54・5％となっており、過半数以上の中高生がスポーツに励んでいることがわかる。運動部だけでなく、文化部に所属している生徒も数多く、掛け持ちも含めれば、中学生の場合は20・3％、高校生の場合は28・1％になる。中学生に比べて高校生は運動部に所属する割合は低いが、それとは反対に文化部の所属

図表1-1　生徒の部活動所属状況

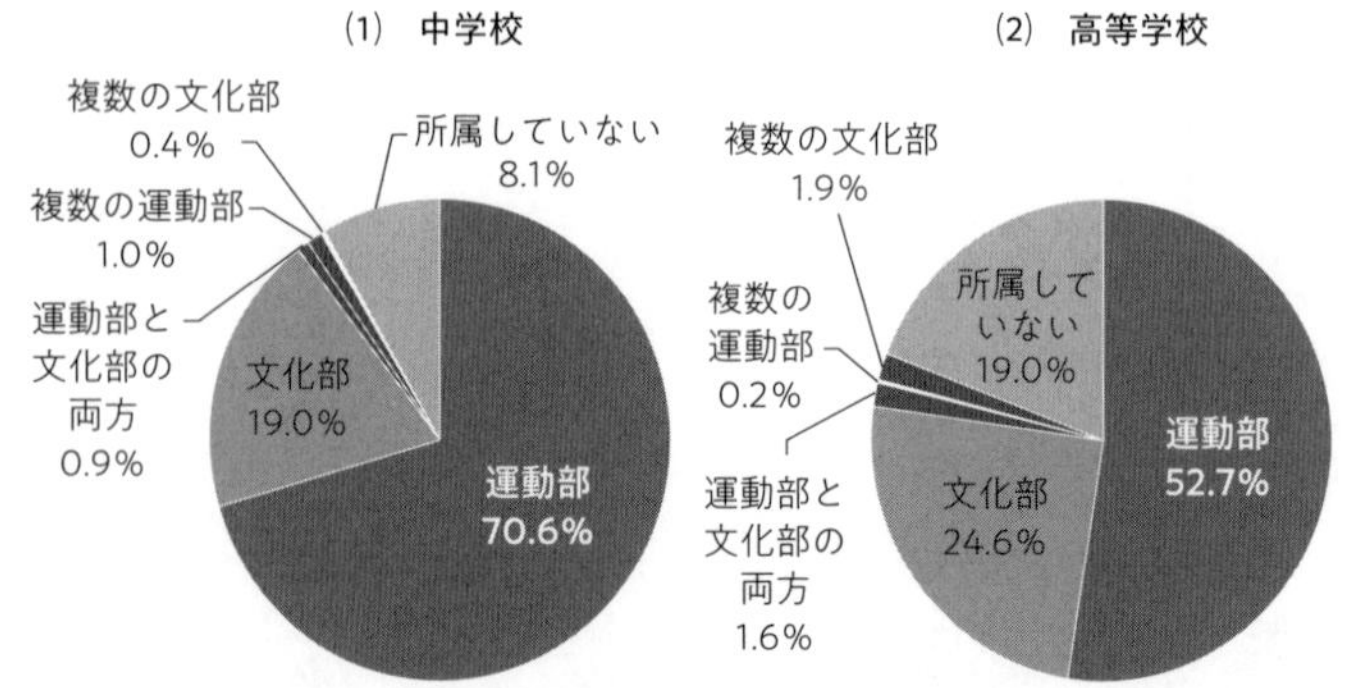

（出所）　スポーツ庁「平成 29 年度運動部活動等に関する実態調査報告書」（平成 30 年 3 月）（https://www.mext.go.jp/sports/b_menu/sports/mcatetop04/list/detail/1406073.htm）より作成。

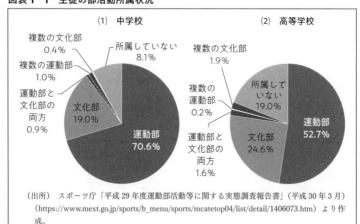

割合は高くなっている。運動部にも文化部にも所属しない帰宅部の割合は、中学生が8・1%、高校生が19%と中学生の割合よりも2倍以上高くなっている。

ノーベル経済学賞受賞者であるゲーリー・ベッカーの研究から始まった教育経済学の分野では、**教育は自分自身への「投資」とみなし、そしてその投資により「人的資本」を増やすことで労働生産性が向上し、仕事や業務を遂行する能力の高い人材になって、高い賃金・給与（リターン）を稼ぐことができるようになる。**これを「人的資本モデル」と呼ぶ。

大学に進学するかどうかの意思決定を例にとって人的資本モデルのエッセンスを紹介しよう。まず大学教育に伴う費用というのは、入学金・授業料や書籍代のような直接費用だけでなく、もし大学に進学せずに高卒で働き始めていたら将来にわたって稼ぐことができる所得（逸失利益）も含まれる。さらには、教室で黙って教員の退屈な講義に耐えることも費用（心理的費用）と解釈する。もちろん、講義が面白く知的好奇心を刺激するような内容なら、心理的費用が少ないのはいうまでもない。

教育投資の結果、さまざまな知識、技能を習得した4年後は労働生産性の高い、仕事ができる社会人になり、将来にわたって支払われる賃金、そして所得が高くなることを期待できる。これらが教育投資のリターンとして計上される。賃金がそれほど高くなくても、世間が称賛するような名誉な職に就くこともまた教育投資のリターンと解釈できる。もし皆さんが大学に進学をしたことがあるなら、大学教育に投資することで将来期待できるリターンがそれに必要な費用を上回っていると、高校を卒業した時点で判断したことになる。

スポーツ活動で培った非認知スキルが将来の所得に影響を与える？

一般的に教育といえば、中高生の場合、課内活動で習う国語、数学、英語、理科、社会など学習指導要領に沿った内容を想定し、これらを学習することで「認知スキル」を習得し、その結果、労働生産性が向上すると考えられる。学校内での課内学習という人的資本投資が将来の賃金に与える効果に関する研究は非常に多く蓄積されている。

しかし、**将来、社会人として企業に就職し、高い賃金を稼いだり、重要な役職に昇進したりするのに必要なのは認知スキルだけでなく、もう一つのスキルである「非認知スキル」も必要である。**非認知スキルとは、主に以下の五つのスキルを意味する。すなわち、①集団の一員として集団意思決定を円滑に進めることができる協調性、②目標のために望ましい行動をとる自己規律・自己管理、③リーダーとして同僚や部下をまとめることができる統率力、④困難な仕事にも果敢に立ち向かうことができる忍耐力・根性・闘争心、⑤部署内の上司、部下、同僚、パート従業員に対する気配りや思いやりができるスキルのことである。

これらのスキルは会社という集団に属する人々の士気を高め、一体感を醸成させることに寄与することから、会社で求められる必要不可欠なスキルといえる。このような非認知スキルを持っていると社内で信頼され、次々と重要な仕事を任せられることになり、そして社会的な成功につながる。非認知スキルは人的資本を構成する一つと解釈できる。

ノーベル経済学賞受賞者であるジェームズ・ヘックマンらを始めとする近年の研究では、認知スキルだけでなく、非認知スキルが労働市場における成功に多大な影響を及ぼしていることが実証的に明らかにされてきた[1]。

非認知スキルを習得して将来成功するためには、非認知スキルを習得できるような人的資本投資をしなければいけない。地域のスポーツ活動、そして学校の部活動はその人的資本投資の機会の一つとして捉える。スポーツ活動は、とくに集団競技では、規律正しい集団行動が求められるので、協調性や自己規律が涵養される。歯を食いしばって走ったり、球を追いかけたりすることで、忍耐力・根性、そして闘争心が鍛えられる。さらに、キャプテンになればリーダーとしてチームをまとめる統率力が身につく。選手だけでなく、マネージャーのような選手を支える裏方の経験も気配りという非認知スキルを習得する機会といえる。試合に勝ったり負けたりすることで相手選手や相手チームを思いやる心を持つ人材に育っていく。地域スポーツ活動や部活動としてのスポーツ活動を通じて習得した非認知スキルは、学業を通じて習得できる認知スキルと同様に労働生産性を向上させるのに必要なものであり、将来の賃金や所得を引き上げることに寄与すると考えられる。

では、スポーツ活動で培った非認知スキルは、本当に将来の所得に影響を与えるのであろうか。以下ではこれまでの研究成果を紹介する。ジェームズ・ロングとスティーブン・カーディルは、

１９７１年にアメリカの大学に入学した1年生を対象にしたデータから、大学の運動部に所属していた学生と所属していなかった学生で卒業する確率が異なっていたか、また１９８０年時点における彼・彼女らの所得に違いがあったかを検証した。[2] 彼らの研究によると、男女ともに運動部に所属していた学生のほうが所属していなかった学生よりも卒業率が高く、男性に限定すれば、運動部に所属していた学生は所属していなかった学生に比べて１９８０年時点での年間所得が４％高いことがわかった。

同じように、ダニエル・ヘンダーソンらはアメリカの大学生を対象にスポーツ活動が将来の賃金に与える影響を推定した。[3] ロングとカーディルの研究との違いは推定方法だけで、研究の目的と使用したデータは同じである。ヘンダーソンらの研究結果によると、卒業してから6年経った１９８０年の時点で運動部に所属していた学生のほうが、所属していなかった学生よりも賃金は平均１・５％から９％高かった。

ジョン・バロンらの研究チームは高校時代に焦点を当て、運動部に所属していた学生と所属していなかった学生を比べて、どちらの学生のほうがより学業達成度が高いか、そして将来の賃金が高いかを検証した。[4] その研究によると、運動部に所属していたアメリカ人の学生は所属していなかった学生に比べて学内成績がよく、高卒後の教育年数が長く、そして卒業後11〜13年後の賃金は４・２〜14・８％高かった。

以上の研究から、研究対象者や卒業後の年数はバラバラであるが、運動部の経験は将来の賃金を

約２％から15％引き上げることがわかる。

ここまではアメリカ人を対象とした研究結果を紹介したが、次に日本のデータを使って課外活動の効果を検証した研究を見てみよう。梅崎修の研究ではスポーツ活動が賃金ではなく、就職活動の結果に影響を与えるかを検証した。[5] ある特定の大学で同じ学部に在籍していた卒業生を対象に、学生時代にクラブ・サークルに所属していた人と所属していなかった人を比べて、就職できた企業先に違いがあるかを調べた。研究結果によると、スポーツ系のクラブ・サークルに所属していた人ほど第一志望の企業に就職できたことがわかった。しかも、彼・彼女らは、ＯＢ・ＯＧネットワークをあまり利用していないことから、スポーツ活動を通じて培った非認知スキルが評価されて採用されたといえる。

そのほかにもスポーツの経験が昇進に有利であるかどうかを検証した松繁寿和の研究がある。[6] 松繁はある大学の同じ学部の卒業生を対象にしたアンケート調査から、学生時代の部活動と昇進の関係を検証した。そこでは、体育会系出身だからといって必ずしも昇進するとは限らないことが示された。それとは対照的に、むしろマネージャーや会計などの裏方の仕事に徹していた学生のほうが将来昇進する可能性が高いことがわかった。[7]

スポーツ活動は昇進に影響を与えるか？

特定の大学の卒業生ではなく、特定の企業内の昇進にスポーツ活動が与える影響に着目した研究もある。筆者と大竹文雄との共同研究では、自動車メーカーX社に勤める従業員を対象にしたアンケート調査結果から、学業終了直後に採用された高卒従業員と大卒従業員に分けて、学生時代、そして現在のスポーツ活動の有無が昇進に影響を与えるのかを検証した。[8] この研究では一つの企業に着目することで、スポーツ活動と内部昇進の関係の追求に特化することができた。

スポーツ活動と一言でいってもそれが意味することは幅広い。個人スポーツと団体スポーツとでは昇進への効果は違ってくる。われわれの分析で使用するアンケート調査ではスポーツ活動の程度や種目に関する情報も詳細に収集しているので、より多角的にスポーツ活動による昇進への影響を分析することが可能となった。

データは、２００５年3月に自動車メーカーX社の従業員に配布されたアンケート調査の結果から得られたものである。この企業は、東京証券取引所１部の上場企業であり、企業スポーツ振興にも熱心で調査当時は35の運動部が活動していた。その当時の選手の多くはX社の正社員として働き、なかには実業団スポーツ競技会やオリンピックで活躍する社員もいた。アンケートは国内の12の工場と本社と三つの支社（そのうち一つは研究所）で働いている従業員１５５０人に配られ、そのう

図表1-2　自動車メーカーX社の職能資格制度

技能職（主に高卒）の職能資格	事務職・技術職（高卒・大卒）の職能資格	一般企業での位置づけ	ランクづけ
A	A	部長クラス	6
B	B	次長クラス	5
C	C	課長クラス	4
D1	F	係長クラス	3
D2	G		2
D3			
E1	H		1
E2			
E3			

（注）X社が特定されないように，職能資格の名称はアルファベットで示す。

ち１３９８人から有効回答を得た。回収率は９０・２%と非常に高かった。回答者のなかで運動部に属していた従業員は約５・８%であった。

X社における従業員のキャリア・パスは職種別で異なり、工場のラインに立つ技能職、事務職、研究職を含めた技術職の３種類の職種がある。技能職は一般的に高卒従業員が担う職種で、採用されると各地の工場に配属される。通常、大卒従業員は技能職には就くことはない。そして、それぞれの職能資格を六つのランクに位置づけて分析を行う（図表１－２参照）。

この分析では、同時にキャリアをスタートする従業員のなかで内部昇進に対するスポーツの効果を推定するために、学業終了後にX社に新規採用された従業員だけに限定する。言い換えれば、中途採用の従業員を除く。また、新規採用された高卒従業員と大卒従業員とではキャリア形成のパス

図表1-3　単回帰分析のイメージ図

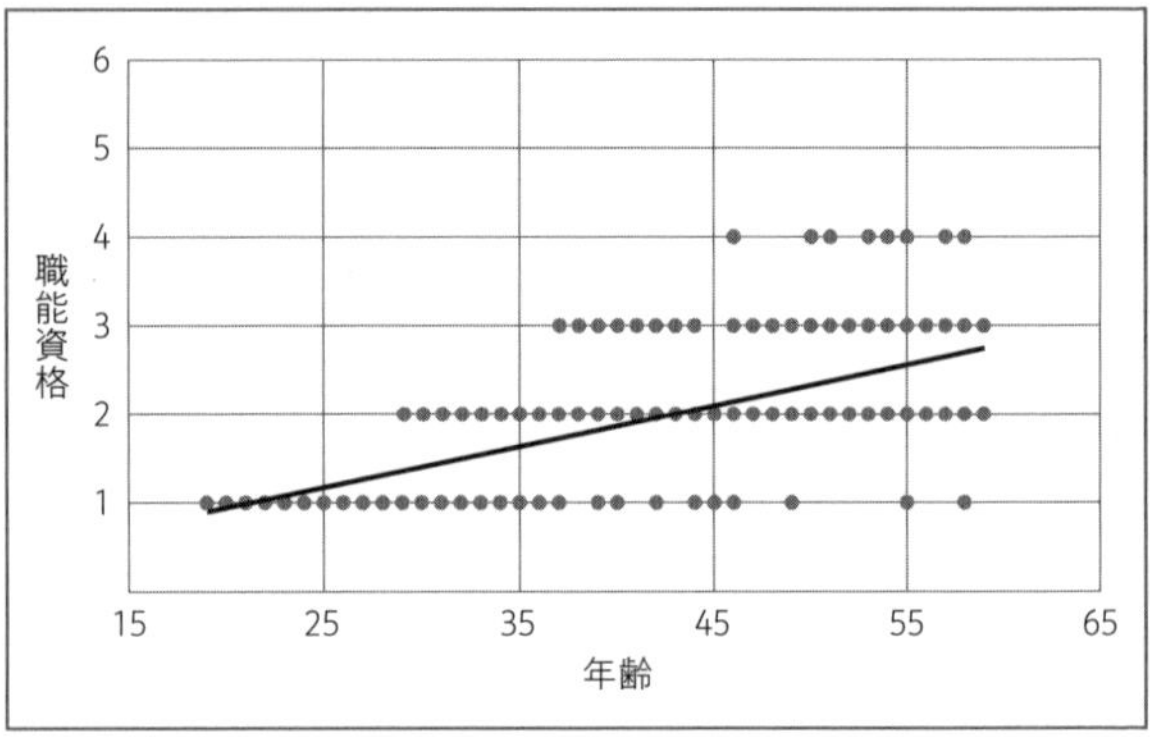

が違うので分けて分析をする。

具体的には、スポーツ活動をしていたか（しているか）、スポーツの種目は個人スポーツか団体スポーツかという要因が、1～6にランクづけされた職能資格の決定に与える影響を推定するために、「重回帰分析」という推定方法を採用した。重回帰分析を説明するために、「単回帰分析」、すなわち、職能資格のランクを決める要因が一つだけの場合をまず直観的に説明しよう。図表1-3のように、横軸を説明要因（たとえば、年齢）、縦軸を職能資格のランクとしたデータの散布図を描き、データの散らばりの真ん中を通るような直線の傾きを推定することである。

この傾きは説明要因が1単位増加した場合（たとえば、年齢が一つ増えた場合）、職能資格のランクが平均的にどれだけ変化するのかを示す。このように説明要因を一つだけにするのではなく、複数にすると単回帰分析に対して「重回帰分析」と呼ばれる。複数の要因を使うのは、この例でいうと、他の要因が職能資格に与える影響を分析のなかに含めることで、年齢のみによる職能資格のランクへの影響をできるだけ正確に抽出するためである。

アンケート調査の質問項目では、これまで活動した、または活動しているスポーツを従業員に尋ねたので、データからはスポーツを「以前に活動したが、現在はしていない」のか、それとも「以前に活動して、現在も活動している」のかまでは判別できない。したがって、スポーツによる昇進の効果が学生時代に培った協調性、根性やリーダーシップの涵養によって得られるものなのか、それとも現在スポーツ活動することによって元気で健康でいられること、すなわち「健康資本」への投資によって得られるものなのかが明確にわからないことに留意する必要がある。

図表1－4　スポーツの効果（高卒従業員）

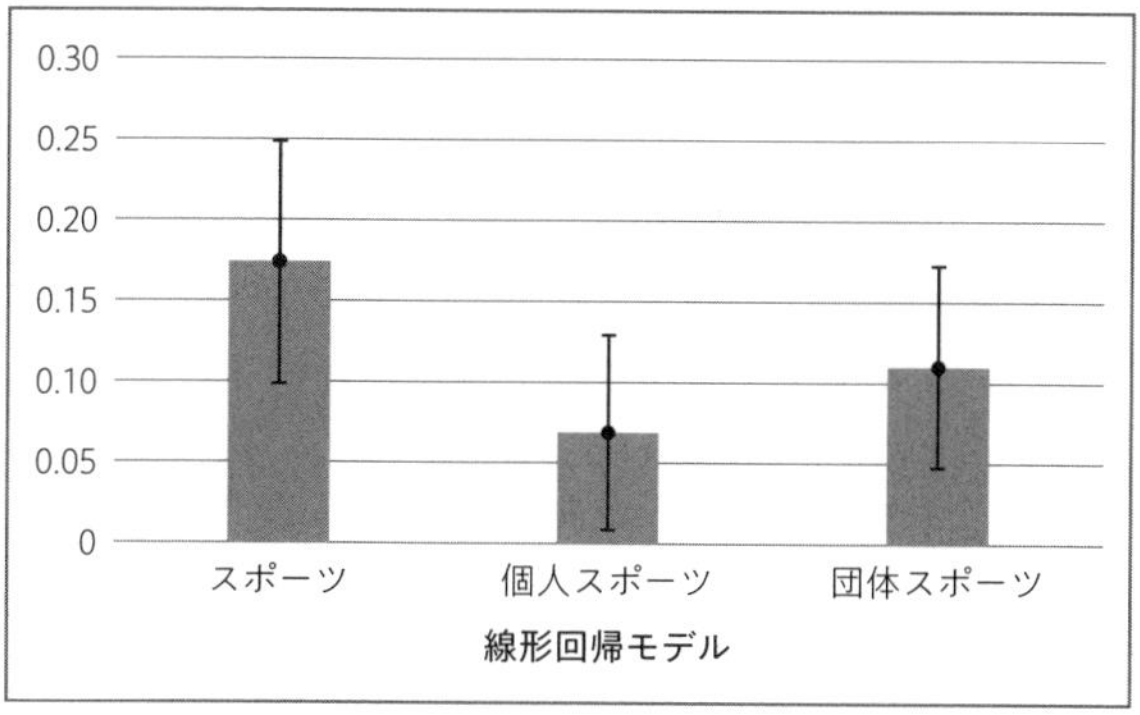

図表1－4は高卒従業員に限定した分析結果を示している。それによると、自動車メーカーX社勤務の高卒従業員の場合、スポーツをしていた、またはしている従業員のほうが、そうでない従業員よりも職能資格のランクが0・17だけ統計的に有意に高いという結果を得た。すなわち、スポーツ活動によって昇進しやすいことが統計的に観察され

図表1-5　スポーツの効果（大卒従業員）

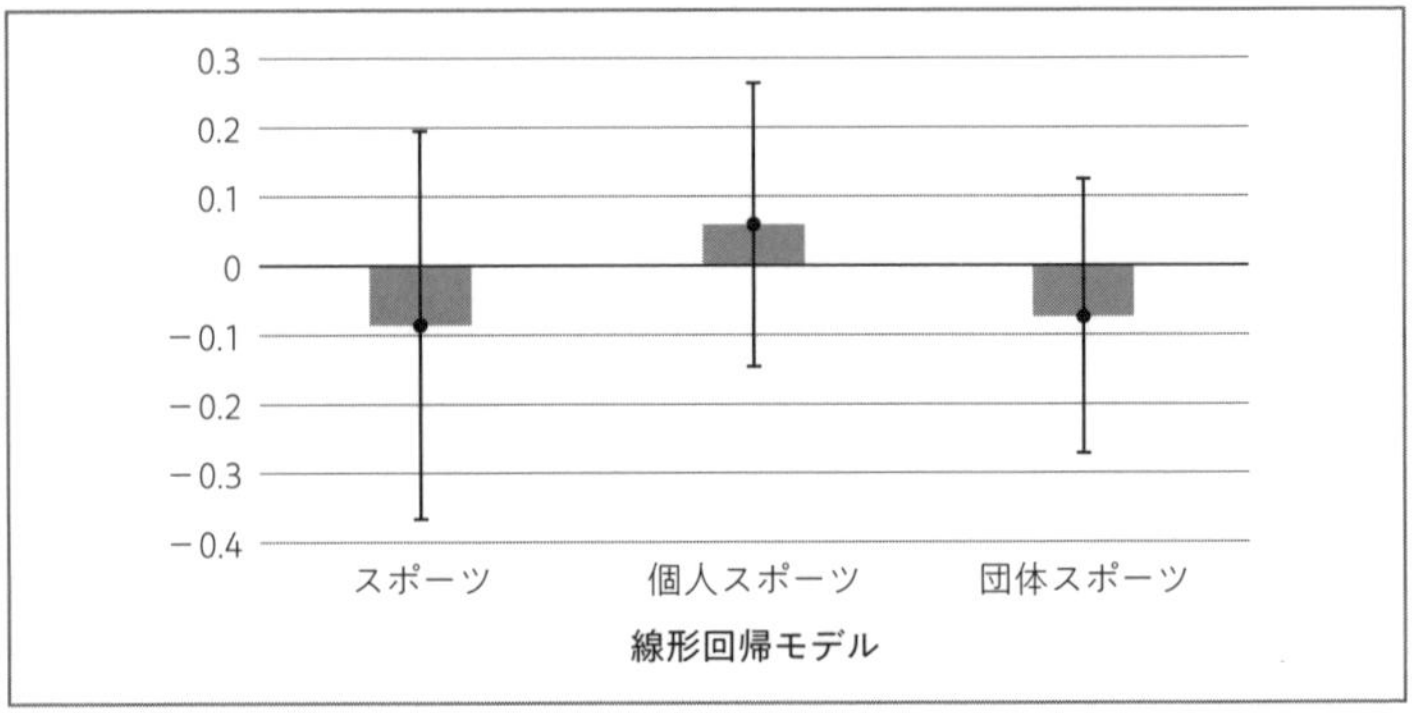

た。「統計的に有意」とは図表1－4の各棒グラフにある黒い縦線（「信頼区間」と呼ぶ）がゼロを表す横線を跨いでいないことを意味する。詳細は章末のコラム①で解説する。

スポーツ活動を通じて鍛えられた忍耐力、根性、協調性、統率力のような非認知スキルは仕事場でも活かされ、それらが昇進につながったと考えられる。また違った見方をすれば、スポーツ活動をしている従業員は健康的で体力があることから、健康・体力面からの人的資本投資が労働生産性を高めて、それが昇進につながるとも解釈できる。

スポーツをしていた（している）か否かの2種類に分けるのではなく、個人スポーツをしていた（している）、団体スポーツをしていた（している）、またはスポーツをしていなかった（していない）の3種類に区別して推定した。その場合でも、活動したスポーツのタイプが個人と集団、どちらであろうともスポーツの経験は、経験なしに比べて、昇進に対して有意にプラスの効果があることが図表1－4

から観察された。ただ、統計的に有意な差ではないけども、団体スポーツ経験者のほうがスポーツの効果が大きい結果となった。団体スポーツのほうがより協調性や統率力が必要とされるので、そのような非認知スキルを習得する機会が多いからだと考えられる。[9]

その一方で、大卒従業員に限定して推定を行うと、昇進に対してスポーツ活動経験は統計的に効果がないという結果となった（図表1－5）。この自動車メーカーX社に勤務する大卒従業員の場合、スポーツ活動を通じて得られる非認知スキル（根性、忍耐力や協調性など）や健康面や体力面での人的資本は、職務を遂行するうえではそれほど重要ではないと推測できる。この企業が大卒従業員に期待するものとしては、運動部特有の根性、忍耐力、協調性のような非認知スキルや健康面からの人的資本ではなく、むしろ通常の人的資本投資（教育や専門的訓練）から得られる認知スキルであろう。あるいは、大卒者は、スポーツ活動ではなく大学教育や大学生活を通じて、協調性などの非認知スキルを習得する機会が多いと解釈することもできる。

本当に因果関係を捉えているか？

推定結果に関しては一つ懸念すべき点がある。それは、この結果は本当にスポーツ活動が昇進に影響を与えるという因果関係を捉えているのかということである。もしかするとスポーツ活動という変数が意味するものはスポーツ活動そのものではなく、それに影響する他の要因なのかもしれな

図表1-6　見せかけの相関の仕組み

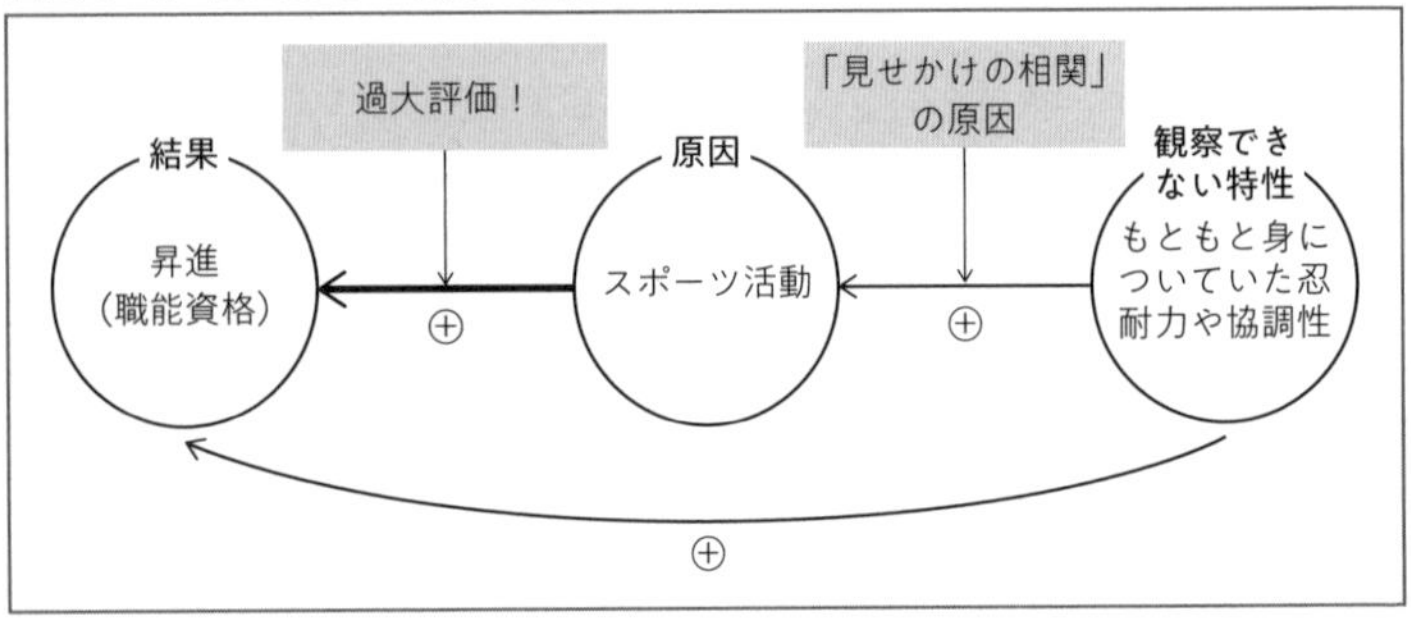

い。

たとえば、そもそもスポーツをする前からすでに身につけていた忍耐力や協調性のような、アンケート調査では直接観察することができない特性を示唆しているかもしれない。もともとそのような特性があるからスポーツをすることを選んだとすれば、スポーツ活動は単にそれらの特性の代理の役目を担っているだけであるといえる。その場合、推定結果はスポーツ活動による昇進への因果関係を示しているとはいえない「見せかけの相関」といえる（図表1-6）[10]。このような、観察できない特性を示す変数を見落としてしまうと、スポーツ活動の効果を過大に評価することになる。詳細は章末のコラム②にて解説する。

もしスポーツをする前から身につけていた忍耐力や協調性の度合いを示すような具体的で客観的な数値がアンケート調査から把握できるのなら、それらの変数を含めて昇進に与える影響を重回帰分析で推定すればよい。それで見せかけの相関による問題は多少解消される。しかし、一般的なアンケート調査からそれはできない。

別の方法として、われわれの研究では、スポーツ活動による昇進への因果効果を正しく検証するために「操作変数法」を用いた。この方法は第2章でも再度説明するが、ここでも簡単に説明しよう。忍耐力や協調性のような観察されない特性と相関すると思われるスポーツ活動の変数の代わりに、スポーツ活動に強く相関するが、観察されない特性と相関しない変数を操作変数として使う方法である。われわれはスポーツ新聞の購読や試合の観戦のようなスポーツに対する意識や好みに関する変数を操作変数として採用した。これらの変数はスポーツ活動の有無に対して強く相関するが、そもそもスポーツをする前から身につけている忍耐力や協調性のような観察できない特性とは相関しないと考えた。

統計的な検定の結果、高卒従業員の分析に関しては前述の見せかけの相関について心配する必要がなかった。大卒従業員の分析に関しては、十分な検定ができなかったために見せかけの相関による修正が必要かどうかわからなかったが、操作変数法で再度推定した結果と元の結果とはほぼ同じであった。

この研究の留意点の一つは、推定で用いられたデータは自動車メーカーX社だけから収集されたものであることから、ここでの推定結果はX社だけに当てはまることであって、一般的な結果とは異なっている可能性が十分にあることである。X社に採用され、そして働きたいと思う従業員に偏っていることによって生じるサンプル・セレクション・バイアスの可能性がある（コラム②にて解説）。しかし、一企業内の内部昇進に焦点を当てることで、企業間での特性の違いを考慮する必要がないのは利点の一つであろう。

クリスティーナ・フェルフェらの研究でも、ドイツにおける子どものスポーツ参加が認知・非認知スキルにもたらす因果関係を推定するために操作変数法を採用した[11]。操作変数として、身近にスポーツ施設があるかどうかを使った。その結果、子どものスポーツ参加は認知スキル、非認知スキルとも正の影響があると報告した。

操作変数法のほかにも因果関係を推定する方法はある。ティム・パウロスキーらの研究では、ペルーのデータから「傾向スコア・マッチング法」という手法を用いた[12]。この分析方法を直観的に説明をすると、スポーツするかしないかを決める複数の要因から各個人のスポーツ活動をする確率（傾向スコア）を算出し、スポーツをしていたグループとしていなかったグループのなかから、スコアが近いもの同士をマッチングし比較する。そうすることで、あたかも無作為にスポーツ活動を割り当てられたかのような子どものグループ（処置群）と割り当てられなかったグループ（対照群）を作成し、これらのグループ間でソーシャル・キャピタルの水準、主観的な健康状態や生活満足度が異なるかを検証した[13]。

「ソーシャル・キャピタル」（社会資本）とは、他者との信頼関係や人間関係など社会生活において必要な能力のことを意味する。もともと社会学の分野から発生した概念であるが、他者と交わる社会生活で必要なスキルを意味する点で、非認知スキルと共通するものといえる。研究結果によると、これまで紹介した研究結果と同様に、スポーツ活動をしていたグループのほうがソーシャル・

キャピタルの水準が高い結果となった。第9章にて再度ソーシャル・キャピタルについて取り上げる。

文化部でも非認知スキルは身につけられる?

これまでは非認知スキルを習得する機会として、スポーツ活動に着目してきたが、スポーツ活動だけが非認知スキルを高める方法ではない。学校教育の課外活動である部活には、運動部と文化部があり、文化部の活動を通じて非認知スキルを高めることはできる。**文化部の活動でも集団でプロジェクトを進める機会が多いし、プロジェクトを完成させるためには忍耐力や根性が必要であろう。また、部長になればリーダーとして部員を統率し、イベント開催を主導しなければいけない。社会生活で必要な非認知スキルは、スポーツ活動だけでなく、文化部の活動でも培うことができる。課内活動である生徒会活動やクラスの委員会にも同じことが当てはまる。**

文化部というグループ活動ではないが、シャーロット・カバンらの研究によると、ドイツではピアノを習っていることの教育効果はスポーツ活動のそれよりも高いと報告した[14]。所得の高い親を持つ子どもほどピアノを習っており、そして所得の高い親ほど教育に対する意識が高いからこのような正の関係が検出されたと思うかもしれないが、親の所得を制御したうえでもピアノを習うことによる正の教育効果が推定された。また、スポーツ活動をしつつ、ピアノを習っている子どもほど教育水準は高かった。

おわりに

受験勉強のために部活をやめるように子どもを説得しようとする親は多いかもしれない。レベルの高い高校や大学に進学することで、認知スキルを高めることができる。確かに時間の制約上、部活と勉強は代替関係にあり、部活の時間を減らせば勉強する時間を増やすことができる。しかし、**社会生活に必要なスキルである非認知スキルも高めなければ、社会人として活躍することはできないことがわかったであろう。子どもの将来のことを思うなら、「部活をやめろ」というのをやめ、子どもが「部活をやめたい」といっても、「やめるな」ということを提案してもよいのではないだろうか。**

部活動をやめないで最後まで続けろと主張するからには、受け入れ側（学校側）の十分な体制についても配慮しなければならない。近年問題となっている教員の長時間労働の問題とその解決策について紹介しよう。

運動部ならびに文化部の運営には学校の顧問教師の尽力によるところが大きい。しかし、今、その部活動顧問教師の長時間労働、それによって発生する労働災害が大きな問題となっている。文部科学省の「平成28年度　教員勤務実態調査」によると、教員1日当たり平均勤務時間は小学校の場合11時間15分、中学校は11時間32分と労働基準法による原則1日8時間労働をはるかに上回っている。中学の場合、部活動の顧問をしていることが長時間労働を引き起こす一番大きな要因となっていた。中澤篤史は、部活動顧問教師が直面するさまざまな労働問題（勤務時間、手当支給、災害補償）について整理し、部活動による長時間労働、低い手当、貧しい災害補償なのは、教師という仕事の特殊性や歴史的な背景によるものであると解説した[15]。そして、中澤は部活動の実態と法律の考え方があまりにも乖離していると主張する。

部活動顧問の教師に負担をかけすぎないようにするために、部活動を指導する外部人材の登用を推進してはどうだろう。たとえば、大学と高校の連携の一つのかたちとして、大学生が高校生を指導することは大学生にとっても学びの機会になる。大阪市は２０１９年に「大阪市立中学校部活動支援人材バンク（部活動指導員）」を立ち上げ、登録者を募っている。外部人材登用に関しては責任問題などのハードルがあるが、そこを乗り越えていってほしい。

最後に、学生時代は帰宅部でアルバイトもせず無気力に生活を送っていたので、非認知スキルを習得する機会がなかったとしても、社会人になってからその機会は十分あることを理解してほしい。定期的にジムに通ったり、周辺をジョギングしたりすることで健康増進だけでなく、仕事に必要な自制心や克己心を鍛えることが可能である。企業は健康増進や福利厚生のためだけではなく、非認知スキルの習得による生産性向上のためにも、従業員に対するスポーツジムの費用補助を考えてみてもよいのではないだろうか。

コラム①　信頼区間と統計的仮説検定

　図表1－4と1－5の各棒グラフにある黒い縦線は、スポーツ活動の有無が職能資格のランクに及ぼす影響の度合いを示す値の「信頼区間」という。このコラムでは信頼区間について解説する。信頼区間が何を意味するかを説明する前に、われわれが収集したデータについてもう少し説明を加えたい。われわれのアンケート調査では、自動車メーカーX社の従業員全員という「母集団」からデータを得たわけではなく、一部の従業員からデータを得たわけなので、われわれが収集したデータは「標本データ」である。

　信頼区間とは、推定値が一点という点推定とは対照的に、幅のある区間推定といえる。図表1－4や1－5では「95%の信頼区間」を示している。それは、われわれが収集したデータと同じような標本データを、仮に100回集めて100回同じように分

図表1－7　95%の信頼区間

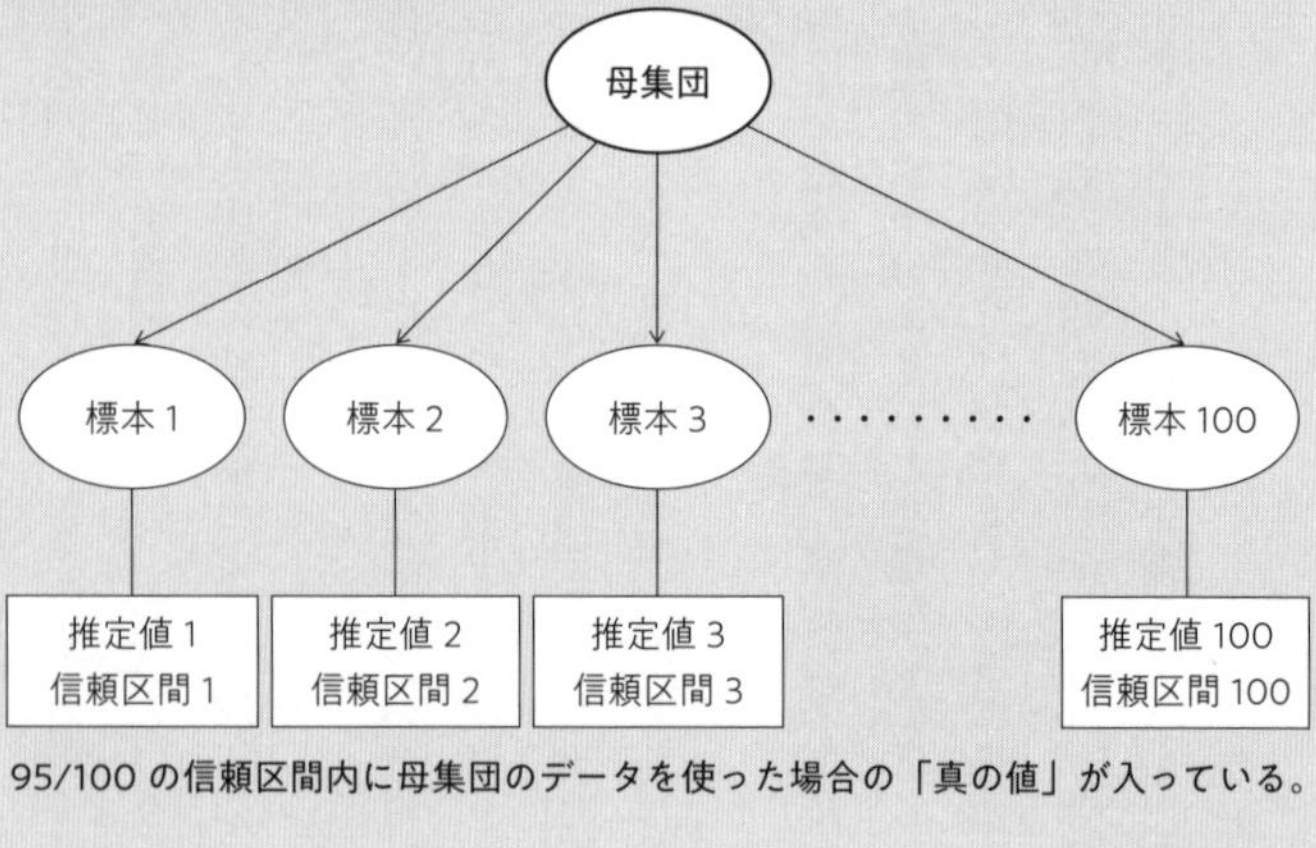

95/100の信頼区間内に母集団のデータを使った場合の「真の値」が入っている。

析し、100の同じような推定値と信頼区間を算出したとき、今回の研究でわれわれが収集した標本データから得られた推定値ではなく、母集団から得られる本当のスポーツ活動の影響の度合いを示す値（真の値）は、これら100の信頼区間のうち95の信頼区間内にあることを意味する（図表1-7）。

つまり、残り5％分の信頼区間内に真の値は入っていない。図表1-4や1-5の信頼区間が長ければ長いほど、母集団から得られた真の値がどこにあるのかわかりにくいことを意味する。

図表1-4に示す信頼区間の場合、黒い縦線の下限はゼロ以上となっているので、真の値はプラスの値になっている可能性が高いといえる。したがって、「今回収集した標本データを使用するとスポーツの効果がプラスとなっているが、これはたまたまであって本当は効果なんてない」という仮説（これを「帰無仮説」と呼ぶ）は統計的に棄却されたといえる。

この場合、5％のことを有意水準と呼び、通常は5％とする。この水準のもと、100回のうち5回しか仮説どおりのことが起こらないのなら、仮説どおりではないと判断している。

コラム② 見せかけの相関——欠落変数バイアスとサンプル・セレクション・バイアス

教育年数と賃金に関する変数があるデータが手元にある場合、横軸に教育年数、縦軸に賃金とする散布図を描き、データの散らばりの真ん中を通るような直線を引くと、その傾きは右上がりとな

図表1-8　教育年数と賃金の関係（イメージ）

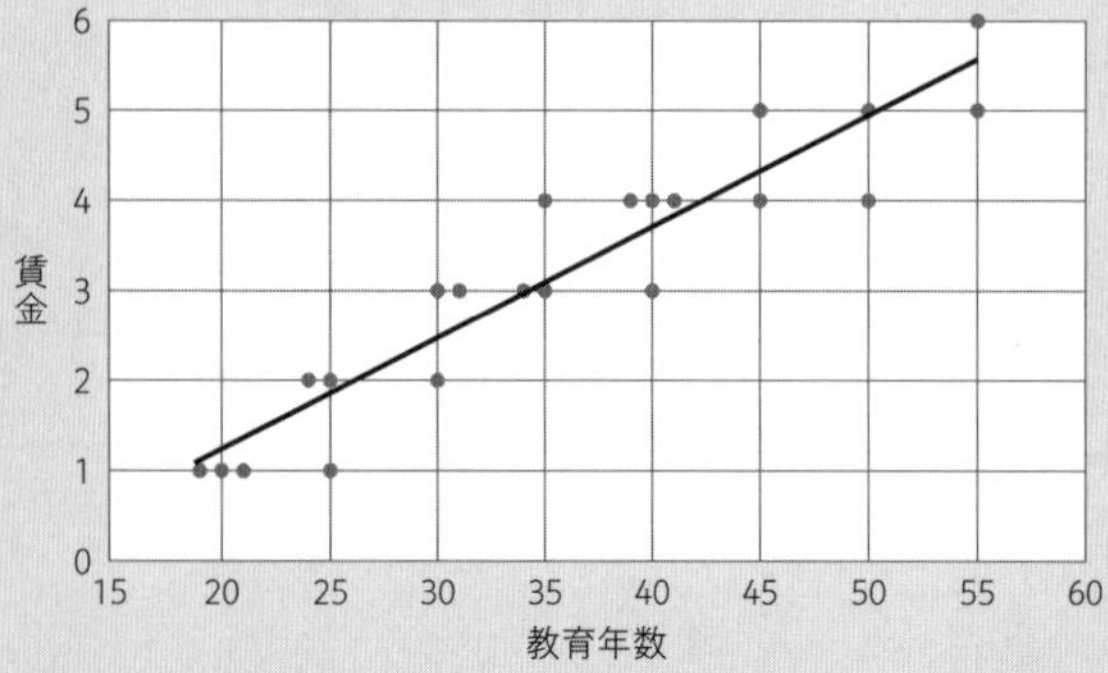

る（図表1-8）。これは本文でも説明した図表1-3の単回帰分析と同じことである。その傾きは教育年数を1年延ばすと、どれだけ賃金が上昇するかを示す値と解釈しがちだ。ただ、注意したいのは、この結果をもって、教育年数が長いと賃金が高いという因果関係があるとまではいえない。せいぜい教育年数と賃金は正の相関関係があるとしかいえない。直線の傾きは、教育年数と賃金の相関する度合いを示しているに過ぎない。因果関係を検証するには、データの質や変数の選択にもっと注意を払わなければいけない。このコラムでは、因果関係の検証を阻む見せかけの相関となる二つの要因について解説する。

一つ目は「欠落変数バイアス」である。これは教育年数や賃金の両方に影響を及ぼすような変数を見落としている場合に発生し、その結果、教育年数が賃金に与える影響を間違って評価してしまう。たとえば、観察できない特性の一つである遺伝的な能力を考えよう。遺伝的に能力が高い人ほど教育年数が長いし、また同時に教育年数に関係なく

図表1-9　欠落変数バイアス

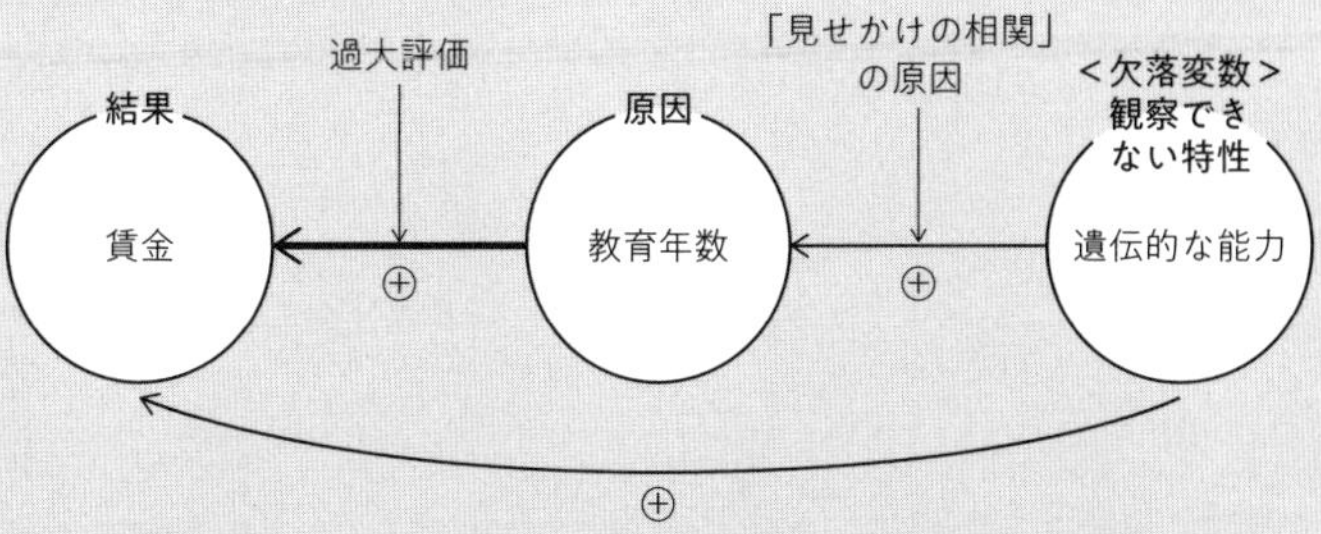

優秀なので賃金は高いだろう。教育年数と賃金のグラフに描いた直線の傾きは、教育年数が賃金に与える効果だけでなく、教育年数と相関関係にある遺伝的な能力が教育年数という変数を媒体にして、賃金に与える影響も捉えてしまうことになる（図表1-9）。その傾きの値が賃金に対する教育の純粋な効果によるものなのか、それとも、そもそも遺伝的な能力による間接的な効果によるものなのかがわからない。それをもし傾きの値は100％教育の効果と捉えてしまうと、教育の効果を過大評価することになる。

二つ目は「サンプル・セレクション・バイアス」である。これは特定の人だけに偏っている標本データを使った場合に発生するバイアスのことである。先ほどの教育年数と賃金のデータを収集する際に、日本全体を網羅する母集団から無作為に抽出し、その人たちの賃金と教育年数を強制的に回答させることで作成した標本データなら問題はないが、「賃金と教育年数について研究しているので、教えてもよい人は教えてください」というようにアンケート調査を自発的に回答してくれる人たちだけから収集した標

図表1-10　サンプル・セレクション・バイアス

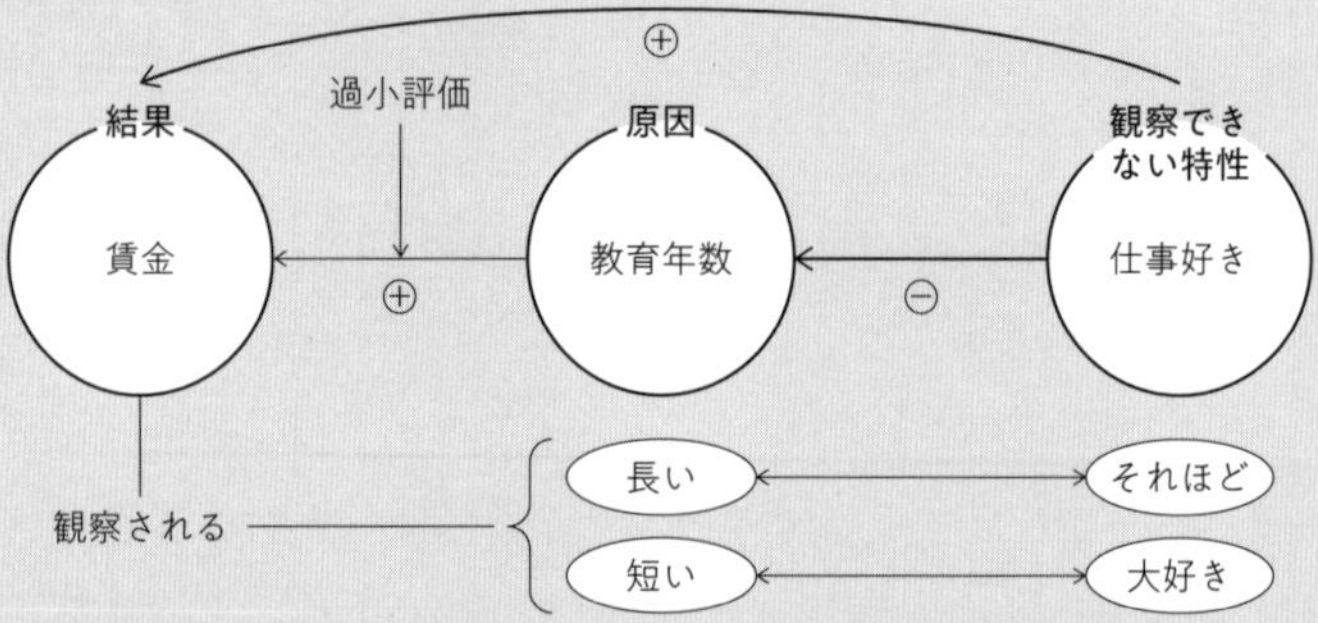

本データには問題がある。

後者のような方法でデータを収集すると、アンケート調査に回答してくれる人は比較的に賃金が高い人に偏る傾向にある。この場合、通常どおりに賃金を教育年数で回帰分析すると、欠落変数バイアスと同じように、観察できない特性が教育年数と相関することで正確な推定結果をもたらさないことがわかっている。

その理由を説明しよう。観察できない特性を「仕事好き」だとする。仕事好きな人ほど、多少、教育年数が短くても熱心に働くので賃金は比較的に高いし、アンケート調査にも回答してくれる。それとは対照的に、仕事がそれほど好きではなくても、教育年数が長く高学歴なら賃金は比較的高く、そしてアンケート調査に回答してくれるだろう。そうすると、観察できない特性である仕事好きの度合いと教育年数がマイナスの関係になっていることがわかる。したがって、欠落変数バイアスのケースと同じように見せかけの相関の問題が生じる。（図表1－10）

この場合、横軸に教育年数と縦軸に賃金のグラフを描いた直線の傾きは教育年数が賃金に与える効果だけでなく、教育年数とマイナスの相関のある観察されない特性による間接的な影響も捉えてしまうことになる。それにもかかわらず、この傾きの値を前者のみの効果と捉えてしまうと教育効果を過小評価することになる。

本文の自動車メーカーX社の場合、車好きという観察できない特性が強ければ、スポーツ活動を通じた非認知スキルが低くても採用され、その人のデータはこの研究で観察できる。それほど車好きではなくても、非認知スキルが高ければ採用され、この人のデータも観察できる。そうすると、車好きという特性と非認知スキルがマイナスに相関しているので、サンプル・セレクション・バイアスの問題が生じて、スポーツ活動歴がもたらす職能資格に与える影響は正しく推定されないことになる。

このように見せかけの相関によって教育効果を間違って評価してしまう問題を、「内生性の問題」と経済学の分野では呼ぶ。内生性の問題は、そのほかに「同時バイアス」、「測定誤差バイアス」や「逆の因果関係」によって生じる。詳しくは計量経済学の教科書を読んでほしい。

第2章

スポーツが女性の社会進出を後押しするか？
――女性の教育や就業に与える影響

はじめに

世界経済フォーラムが毎年発表する世界各国の男女平等の度合いをランキングした「ジェンダー・ギャップ指数」２０２１年版によると、調査対象１５６カ国中、日本は１２０位と前年の１２１位からワンランク・アップしただけで、主要先進７カ国中では相変わらず最下位であった。このジェンダー・ギャップ指数は、経済、政治、教育、健康の四つの分野で女性が占めている地位をもとに算出している。この分野のなかで最もランキングが低かったのは政治の分野で、１４７位と調査対象国ワースト10にランクインしたままであった。女性の政治家や閣僚が少ないことから、この結果は想像しがたくはないだろう。経済分野では昨年より二つ順位が下がって117位と依然として低いままである。女性の管理職が少ないこと、そして平均的に男性よりも収入が低いことが要因のようだ。

なぜ、閣僚になったり、管理職になったりする女性のリーダーが育たないのであろうか。『令和2年版　男女共同参画白書』(内閣府)によると、2019年度では大学(学部)への進学率は、女性50・7%と男性の56・6%よりも低かったが、短期大学(本科)への進学を加えると女性58・6%となり、男性を凌ぐ進学率となった。したがって、知識や学力に関して社会人となる男性と女性に違いはないといえる。すなわち、社会に出る時点で男性と女性の間で認知スキルに違いはないということである。

それでは、男性よりも女性のリーダーが少ないのは、もう一つの能力である非認知スキルにおいて女性が劣っていることが理由なのだろうか。男女間の非認知スキルの違いがジェンダー・ギャップを悪化させているのだろうか。本章では、非認知スキルの形成に大きな影響を及ぼす中高生のスポーツ経験に男女の違いがあるのか、あるならばその理由は何であるのか、また、スポーツ以外の活動であるピアノやそろばん等の習い事では男女に違いがあるのかを検証する。

続いて、スポーツ参加の有無が将来の女性の学歴やキャリアに影響を与えるのかを検証した研究を紹介する。管理職への昇進に必要なものとして業務遂行能力やリーダーシップの資質だけでなく、ライバルに負けない「競争心」もあげられる。運動部活動のようなスポーツ経験は、試合で勝負に挑んだり、レギュラー・ポジションを争ったりして競争心を培う機会として捉えることができる。そこで、競争心に男女の違いがあるのかを検証した経済実験の結果を紹介する。もし平均的に男性のスポーツ参加率が女性のそれよりも高ければ、男性の競争心は女性のそれよりも強いと推察される。最後に、競争に対する姿勢に男女の違いがあるのかを、世界レベルの中距離ランナーのタイムから検証した研究を紹介する。

注意したいことは、女性の管理職や閣僚のようなリーダーが少ないのは、女性の非認知スキルが男性のそれよりも低いことだけが理由だと論じるつもりはない。昇進や収入の男女間格差は、性別役割分業のような古い慣習や雇用・社会保障制度を含めたさまざまな要因によるものであるのはいうまでもない。本章では、さまざまな要因の一つとしてリーダーシップや競争心を含めた非認知スキルに着目する。加えて、非認知スキルを身につける手段としてスポーツをここでは取り上げているが、もちろんスポーツ以外でも非認知スキルを身につける機会は十分にある。たとえば、前章で取り上げた文化部活動や生徒会活動も非認知スキルを鍛えるよい機会と考えられる。

スポーツ参加の男女差

スポーツ庁が調査した中高生の運動部参加率を見ると、2016（平成28）年度では中学生の場合、男子75・1％、女子54・9％、高校生の場合、男子56・4％、女子27・1％といずれも女子の運動部参加率は男子よりも低かった。そして、男子、女子とも高校生になると運動部に参加しなくなることがわかる。[1]ロバート・ディーナーらの研究によると、アメリカでも同様に、15～19歳では男子のほうが女子よりもスポーツ参加率が高いという報告がある。[2]

どうやら中高生の場合、女子の運動部参加率は男子のそれよりも低い傾向にありそうである。日本の状況を詳細に検証するために、ここでは笹川スポーツ財団が収集し、管理する「スポーツライフに関する調査」2015年版と2017年版のデータを使って、中高生を含む10代のスポーツ活動状況と男女の違いを探ってみる。[3]

このアンケート調査は本人用と保護者用の2種類からなる。データの規模は2015年版が1401、2017年版が1636の計3037であり、そのうち48・7%が女性であり、男女ほぼ半分ずつ分けるデータとなっている。中学生34・9%、高校生が33・3%、大学生や専門学校生などが20・6%、そして就業している人が9・8%を占める。[4]

では、スポーツの活動状況を見てみよう。まず全体では、男性の60・3%がなんらかのスポーツ活動を行っていると回答したが、女性になると42・0%しかスポーツ活動を行っていなかった（図表2－1）。女性のスポーツ参加の割合は、男性のそれに比べて約18%ポイント低い結果となった。

スポーツ活動と一言でいっても多岐にわたる。とくに大学生の場合、体育会系のスポーツからサークル系のスポーツ、または学外の有志で始めたスポーツと選択が幅広い。ここでは、個人の主観からスポーツ活動の有無を回答してもらった。中高生の場合、ほとんどが学校教育の課外活動として運動部活動に参加しているが、運動部活動以外でスポーツ活動をしている場合も含まれることに留意してほしい。

図表2－1だけでは、スポーツ参加割合の違いが男女の違いによるものなのか、それとも他の要因によるものなのかがわからない。たとえば、男性のデータは部活動をしている中高生の割合が女性のデータよりも高ければ、これは男女の違いではなく、年齢層の違いによるものといえる。第1章でも説明した重回帰分析の手法のように、スポーツ活動をすることに影響を与える複数の要因を同時に考慮する必要がある。

図表2－1　男女のスポーツ参加割合

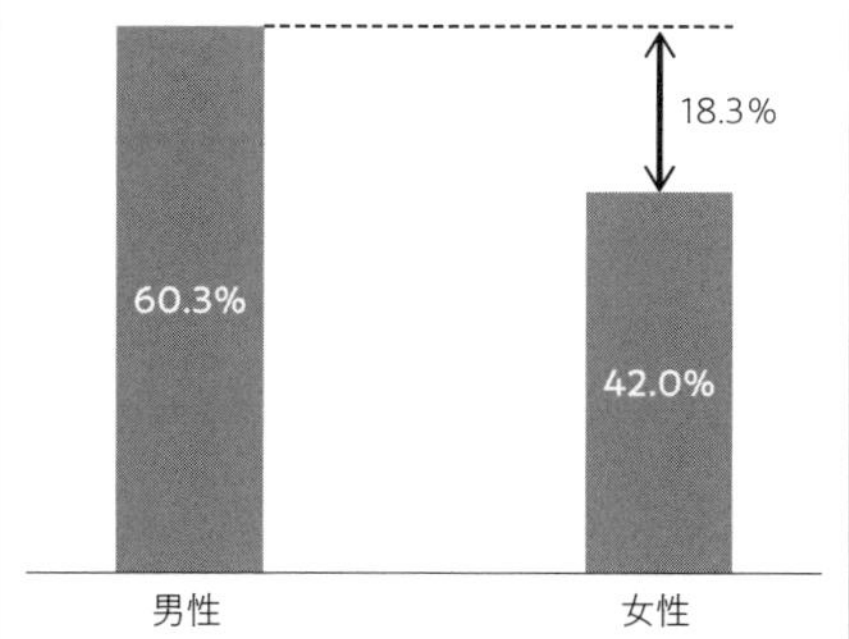

（出所）笹川スポーツ財団「スポーツライフに関する調査」（2015年版と2017年版）。

ここでは本人の年齢、親のスポーツ歴、居住地のタイプを考慮したうえで、男女間のスポーツ参加確率の平均的な違いを現在の状況別（中学、高校、大学や専門学校など、就業）に見てみよう。[5] 親のスポーツ歴は保護者用アンケート調査に回答した父親、または母親が中高大学時代にスポーツをしていたかどうかを点数化し、平均値ゼロ、標準偏差1になるように変換した指標である（標準得点）。[6] 親が学生のときにスポーツをしていると、その子どもにスポーツ活動を推奨すると考えられる。居住地のタイプは、政令指定都市以上の大規模都市、人口10

万人以上の市から政令指定都市未満を中規模都市、そして人口10万人未満の市町村を小規模都市と区別した。都市の規模が大きいほどスポーツ施設にアクセスしやすく、プログラムが充実しているので、スポーツ参加確率が高いと予想する。

図表2－2は、推定結果をもとに男女別、学校・就業の状況別にスポーツに参加する確率を示している。丸点やひし形の点はそれぞれ男性と女性がスポーツに参加する平均的な確率を示す点推定、そしてそれらを通る縦線は第1章で説明した95％の信頼区間を示す。

図表2－2　スポーツ参加確率の違い（男女・学歴別）

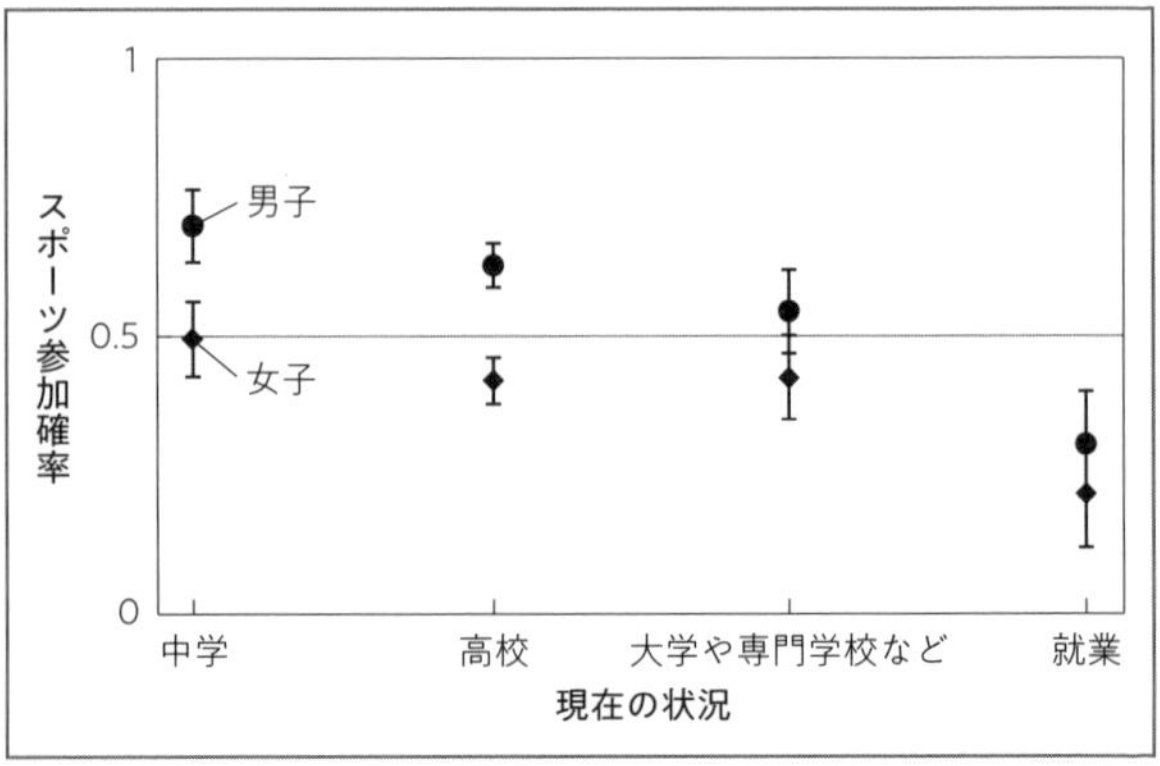

まず男女とも年齢が高くなるにつれて、すなわち、中学から高校、そして大学・専門学校に進むにつれてスポーツに参加しなくなることがわかる。また、就業するとスポーツに参加する確率が減少してしまう。大学生や専門学校生などは授業だけでなく、中高生以上にアルバイトやその他の活動があるので、時間制約上スポーツする時間が減少すると思われる。また、就業者にとっても平日は通常業務で忙しいため、スポーツをする時間がとれないと考えられる。

男女で比較すると、大学生・専門学校生などや就業者の場合、スポーツ参加確率の男女差に違いは見られないが、中高生になると女子のほうが男子よりもスポーツ活動する確率が低いことがわかる。中学男子と高校男子のスポーツ参加確率はそれぞれ69・8％と62・8％であるが、その一方で中学女子と高校女子のスポーツ参加確率はそれぞれ49・6％と42・1％であった。中学、高校ともスポーツ参加確率の男女差はほぼ20％ポイントとなっている。中高生どちらの場合でも、男女の信頼区間が重なっていないことから、たまたまこのような結果になったわけではなく、統計的に有意に女子のスポーツ参加確率は男子のそれよりも低いといえる。

次に運動部活動を含めたスポーツ活動の強度に関して男女中高生の違いに着目しよう。スポーツをしているだけでは非認知スキルを習得できるとは限らない。ある程度、ハードに練習しないと忍耐力、根性、自己規律、リーダーシップ力などの非認知スキルを習得することはできない。ここではスポーツの強度を測る指標として実施頻度を使う。1年間スポーツをしなかった場合は1点、年1回以上週3回未満なら2点、週3回以上週7回未満なら3点、週7回以上なら4点として、平均値ゼロ、標準偏差1に標準化した標準得点を用いる。

図表2－2の分析と同様に、本人の年齢、親のスポーツ歴、居住地のタイプを考慮したうえで、平均的に男女間のスポーツ実施頻度の違いを見よう。[7] 図表2－3は男女別、学校・就業の状況別に推定されたスポーツ実施頻度を示す。図表2－2と同様に、丸点やひし形の点はそれぞれ男女のスポーツ実施頻度の標準得点の平均を示す点推定、そしてそれらを通る縦線は95％の信頼区間を示す。

図表2-3　スポーツ実施頻度の違い（男女・学歴別）

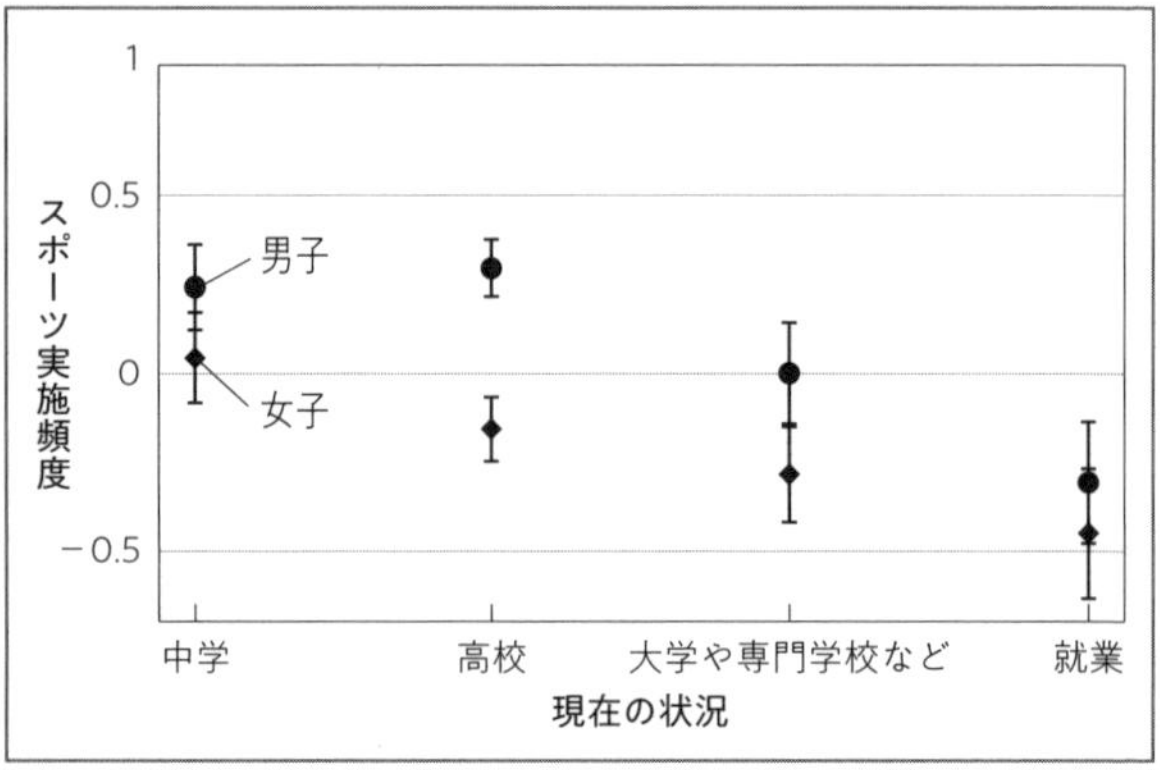

図表2-3から、中学男子と高校男子のスポーツ実施頻度はそれほど変わらないが、おおむね男女とも年齢が高くなるにつれ、または中学から高校、そして高校から大学や専門学校などに進むにつれスポーツ実施頻度は低くなることがわかる。年齢が高くなるにつれスポーツをしなくなり、参加しなくなることが確認できる。

スポーツ実施頻度の男女差に着目すると、総じて女性のスポーツ実施頻度は男性のそれよりも低い結果となった。とくに、男子高校生と女子高校生の違いは顕著で、信頼区間が重なっていないので、統計的にも有意に女子高校生のスポーツ実施頻度は男子高校生のそれより低いことがわかる。

その他の変数がスポーツ参加確率やスポーツ実施頻度に影響を与えるのかを説明しよう。保護者用アンケート調査に回答した親が学生のころにスポーツをしていると子どももスポーツに励むし、実施頻度も高くなることがわかった。親が子どもにスポーツを推奨することが考えられる。予想と異なり、居住地のタイプはスポーツ参加確率やスポーツ実施頻度にそれほど影響はなかった。居住する地域が都市部であろうとなかろうと、スポーツに対する参加の意思決定に大きな影響はなかったといえる。

女子はスポーツよりも習い事

それでは、なぜ中高生の場合、女子は男子ほどスポーツ活動をしないのであろうか。その理由の一つは、女子はスポーツ以外の活動に時間を費やしていると思われる。そこで、スポーツ以外の活動に関して男女中高生の違いを探ってみる。

「スポーツライフに関する調査」２０１２年版には中高生に対してスポーツ以外の課外活動に参加したり、習い事に通っていたりしているかを尋ねている。まずは典型的な習い事としてピアノ、そろばん、習字、学習塾のいずれか一つでも習っているかどうかで男女に違いがあるかを検証する。中高生男子６０４人のうち31・５％がピアノ、そろばん、習字、学習塾のいずれか一つでも習っていると回答した。その一方で、中高生女子６２０人のうち38・９％が習っていると回答しており、上記四つのいずれかの習い事をしている割合は女子のほうが男子よりも高かった。

同じように、何でもよいので習い事しているか否かで男女の違いがあるのかを検証すると、中高生男子のうち「習い事なし」という項目を選択した割合は54・８％、中高生女子では48・７％がそう回答した。

これらの差は、統計的な検定を行っても有意な差であることが確かめられた。つまり、**男子中高生に比べて女子中高生のほうがなんらかの習い事をしていることがわかった。**

習い事は認知スキルを高める効果があると思われる。第1章でも紹介したカバンらの研究によると、ドイツではスポーツよりもピアノのような音楽を学んでいるほうが成績にプラスの効果があるという。[8]しかも、そのプラスの効果は男子よりも女子のほうが大きかった。スポーツ活動は、教育成果よりもむしろ健康状態の向上にプラスの効果があるという結果も示されている。

中高生の場合、平均的に男子は運動部活動に参加し、非認知スキルを培い、女子は他の課外活動や習い事に励むことで認知スキルを身につけ、それが成績にプラスの効果をもたらすと考えられる。

スポーツ活動が教育成果やキャリアに影響を与えるか？

ここでは、スポーツ活動が将来の教育成果やキャリアに与える影響を女性に特化して検証した研究成果を紹介しよう。

まずベッツィ・スティーブンソンの研究を紹介する。[9]学生時代のスポーツ活動が成績、学歴、そして将来のキャリア選択に与える影響を推定する際に、第1章のコラム②で解説したとおり、「見せかけの相関」の問題が生じる。成績・学歴やキャリアのようなアウトカムとスポーツ活動の意思決定、これら両方に影響を与える観察できない特性（遺伝的な能力やもともと身についていた忍耐力や協調性など）がある場合、そのような人ほど活発にスポーツに取り組むだろうし、すべてにおいて優秀なので成績が良く、高学歴で明るいキャリアが待っているだろう。その場合、結果としている成績・学歴、またはキャリア選択のようなアウトカムの変数を、原因と思っているスポーツの活動状況を示す変数で回帰分析すると、スポーツ活動の効果を過大に評価してしまうことになる。これは観察されない特性による影響が上乗せされているからだ。

このようなスポーツの効果を過大に評価してしまう問題を解決するために、スティーブンソンは第1章で取り上げた操作変数法を採用した（本章末のコラム③を参照）。彼女が目をつけたのは1972年にアメリカ連邦議会で可決されたTitle IX（男女教育機会均等法案）という法案可決であった。この法案の目的の一つは、それまで男女平等にスポーツに参加する機会がなかったのが、平等に参加できるようにしたことである。具体的には、まず連邦補助金を受け取る学校は性的な差別を禁止することを定め、さらに男女平等にスポーツに参加する機会を与えることが決められた。その結果、補助金を受け取った学校では女子のスポーツ参加率が高まり、卒業後の教育・進学選択やキャリア選択にも影響を与えた。

この法案可決というイベントは操作変数として相応しい。適切な操作変数とは女子高校生がスポーツに参加することに相関するが、観察できないもともとある女子高校生個人の能力や特性とは相関しないものである。上記のように法案可決したことによって学校が補助金をもらい、その代わりに女子スポーツを振興することで女子高校生がスポーツに参加しやすくなった一方で、法案可決という政治的なイベントと女子高校生個人の能力や特性とはまったく相関しないことは明らかである。研究結果によると、Title IX の可決によって、女子高校生のスポーツ参加割合は１９７２年では３・７％しかなかったのが、１９７８年には25％にも上昇した。そして、スポーツ参加割合が10％ポイント上昇すると、大学進学率は１％ポイント上昇し、労働市場参加率は１～２％ポイント上昇した。**スポーツ活動を通じて得られた非認知スキルである忍耐力、自己規律、根性やリーダーシップ力を高めるだけでなく、自己肯定感や自信を高めることにつながったと考えられる。**そうすることで女子高校生たちは大学に進学するようになり、卒業後は自立して働き始め、所得を増やしていくことが示唆される。また、スポーツ活動は大学進学率を引き上げる効果があることから、スポーツ活動は非認知スキルを向上させるだけでなく、間接的に大学教育を通じた認知スキルを向上させる機会をもたらす。**認知スキルと非認知スキルは独立した別々のスキルと捉えるのではなく、相互に関連し合って形成されると考えるべきであろう。**

スポーツ経験が女性の競争心を高めるか？

スポーツを通じて協調性、忍耐力、自己規律、根性、リーダーシップ力などの非認知スキルを培うことができるが、「競争心」という非認知スキルも習得できる。常日頃から試合やレギュラー・ポジション競争にさらされる環境に身を置くことになるわけであるから、相手に負けない、相手に立ち向かうという競争心を培うには、スポーツはうってつけの訓練機会といえる。中高生のときに女子は男子よりも運動部活動のようなスポーツ活動に参加しなかったとなると、女子は競争心を鍛える機会が男子よりも少なかったと考えられる。その違いが原因となって、女性は男性よりも競争心が希薄になり、たとえ学歴が同じあっても、女性は限られたポジションを奪い合う昇進レースに負けてしまうのかもしれない。

では、女性は男性よりも競争心が本当に低いのかを経済実験から検証した研究を紹介しよう。ウリ・ニーズィーらの研究グループは、クイズ（迷路解き）の正解に対する報酬方法によって男女間でパフォーマンスが違うかを検証した。[10] 報酬方法は二つあり、一つ目は出来高制でクイズの正解数に応じて報酬を支払うとする。もう一つはトーナメント制で6人1組（男性3人女性3人）のグループ内で競争し、一番だけが総取りする報酬体系である。[11] 出来高制の場合は競争相手がいないが、トーナメント制では競争相手がいることになる。

イスラエルの大学生を対象にした実験の結果、女性は報酬方法に関係なく正解数に違いはなかったが、男性は出来高制よりもトーナメント制のときに正解数が増えた。男性は女性に比べて競争相手がいるときほど正解数で表されるパフォーマンスが向上するということは、男性は女性よりも競争心が強いと解釈できる。

また、ミュリエル・ニーダールとリーゼ・ヴェスタールントの研究は、報酬方法の選択で男女に違いがあるのかを検証した。[12] 彼らはニーズィーらの研究と同様に、アメリカの大学生を対象に、クイズではなく計算問題の正解に対する報酬方法として出来高制とトーナメント制（男性2女性2の4人一組）を用意した[13]。各報酬方法のもとで計算問題に取り組んでもらった後に、どちらの報酬方法を好むかを尋ね、選択した方法でもう一度計算問題に取り組んでもらった。

実験の結果、女性は男性に比べて出来高制を選択する割合が高かった。これは女性のほうが男性よりも競争を避けたがることを示唆する。トーナメント制での実験において時間制限内に計算問題に取り組んだ後、各メンバーに自分の成績が4人中何番かを予想してもらった。その結果、女性は男性に比べて自分が一番と回答する割合が少なかった。しかし、実際には正解数に男女の違いはなかった。すなわち、計算処理の能力に違いはないということを意味する。ここから、男性は競争結果に対して自信過剰であり、女性はそうではないといえる。**「自分は競争に勝てる」という自信過剰から男性は競争を好み、男性に比べて「自分は勝てない」という自信過小から女性は競争を敬遠したがるといえる。**

中高生のときに、女性はスポーツを通じて競争心を鍛える機会が男性よりも少なかったから、右の大学生を対象にした二つの経済実験では男性は競争を好み、女性は競争を避ける結果になったのであろうか。実は、それよりももっと前から男女間で競争心が違うという研究がある。ニーズィーとアルド・ラスティチニの研究はイスラエルの小学4年生を対象にユニークなフィールド実験を行った[14]。

実験の内容は、まず複数の小学4年生に単独で40m走をしてもらいタイムを測る。次にタイムが近い者同士二人一組にしてもう一度40m走ってもらい、単独走のときのタイムと比較した。その結果、女子は単独走であろうと、二人一組の徒競走であろうとそれほどタイムは変わらなかったが、男子は徒競走のときのタイムが単独走のタイムよりも速くなった。男子のほうが競争に直面すると負けまいと懸命に走り（言い換えれば、単独走のときは真剣になれない）、女子は競争相手がいてもいなくてもつねに同じパフォーマンスを発揮すると解釈できる。**10歳ほどの小学4年生の時点で男子は「負けたくない」という気持ちが女子よりも強いことがわかる。**

以上の議論から、中高生のときに競争心を培う機会であった運動部活動を女子は男子よりもしてこなかったから、女子大学生の競争心は男子大学生のそれよりも弱いといえるのだろうか。それともそもそも小学校の時点で女子は男子に比べて競争心が弱かったので、中高生になると競争にさらされる運動部に入部することを避け、そして大学生になっても競争心が弱いままなのだろうか。その因果関係はまだ明らかではないことに留意したい。もし後者の因果関係が前者のそれよりも十分強ければ、中高生時の運動部活動が競争心を培うという効果を過大に評価することになってしまう。

では、小学生のときよりももっと前、生まれる前から男性は女性よりも競争心が強い特性を持っているのだろうか。2009年に発表したニーズィーらの研究はその仮説を否定している。[15] 男系部族のマサイ族と数少ない女系部族のカーシ族の村人に対して、先のニーズィーらの研究やニーダールとヴェスタールンドの研究のようなゲームを実施した。ゲームの内容は3m離れたバケツに10個のテニスボールのうちいくつ入れることができるかというものである。出来高制では球数に応じて報酬を与え、トーナメント制では二人一組で競い、勝者が総取りするという内容である。実験結果によると、男系部族のマサイ族の場合、これまでのように女性に比べて男性はトーナメント制を選ぶ割合が高かった。その一方で、女系部族のカーシ族の場合、女性のほうがトーナメント制を選ぶ傾向にあった。**この結果から競争心の男女の違いは先天的なものではなく、後天的な生活環境、習慣や文化によるものと考えられる。**

女性は男性よりもまじめ?

クイズや計算問題の経済実験では、女性は出来高制であろうと、トーナメント制であろうとパフォーマンスは変わらなかった。イスラエルの小学生の女子は単独走であろうと、競争相手がいる徒競走であろうとタイムはそれほど変わらなかった。**ここでいえることは、女性は競争する状態であろうとなかろうと、とにかく自分の実力に合わせて一生懸命に取り組むといえる。男性の場合、競争に負けないように一生懸命頑張るが、言い方を変えると、競争状態ではないと手を抜く傾向があるといえる。**

ジェイミー・エマーソンとブライアン・ヒルの研究は、世界トップレベルの中距離陸上競技ランナーがエントリーする1500m走のラップ・タイムや記録からランナー本人の実力とレースの記録の関係、そして周りのランナーの実力と本人の記録の関係(ピア効果)を検証することで、競争に対する姿勢や戦略に男女間の違いがあるのかを探った。[16]「ピア（peer）」とは、もともと同レベルの人のことを意味し、そのような人たちの集団に入ると、互いに意識し、影響を受けることを「ピア効果」と呼ぶ。

一般に世界レベルの大会では1500m走の競技は予選、準決勝、決勝の3ラウンド制を採用している。準決勝に進出する仕組みは、エントリーしている総数にもよるが、45人がエントリーした2019年世界陸上ドーハ大会男子1500mの場合だと、予選は3組あり各組6着＋8といって、各組先着6位までのランナーと3つの組すべての7位以下のランナーのなかで、タイムが速かった選手トップ8人が拾われて準決勝に進出することになっている。決勝進出条件も、似たような方法で、世界陸上のときは準決勝2組5着＋2を採用し、12人のランナーが決勝に進出した。

決勝を含めれば1500mを3本も走らなければいけないので、できるだけ体力を温存して決勝に進出したいとランナーは思う。[17]そのために予選での最適な戦略は、ペースが遅い組に入ることを願い、ギリギリ6着でゴールし準決勝に進出することである。もっと体力を温存したいのなら遅く走り、タイムで＋8に拾われるのがベストかもしれないが、拾われるかどうかは他の組のランナーのタイムによるので、拾われずに準決勝に進出できない危険性がある。したがって、確実に6着までに入るほうが安心できる。準決勝の戦略も同じで、できるだけ遅く走って着順で決勝進出を狙う。

このようなトーナメントのもと、男女で走る姿勢や戦略は異なるのであろうか。男性・女性ランナーとも目的は同じで、決勝で1位を獲ることである。女性ランナーは女性といえどもプロフェッ

図表2-4　準決勝に進出したランナーのシーズンベストタイムの分布（1500 m タイム・秒）

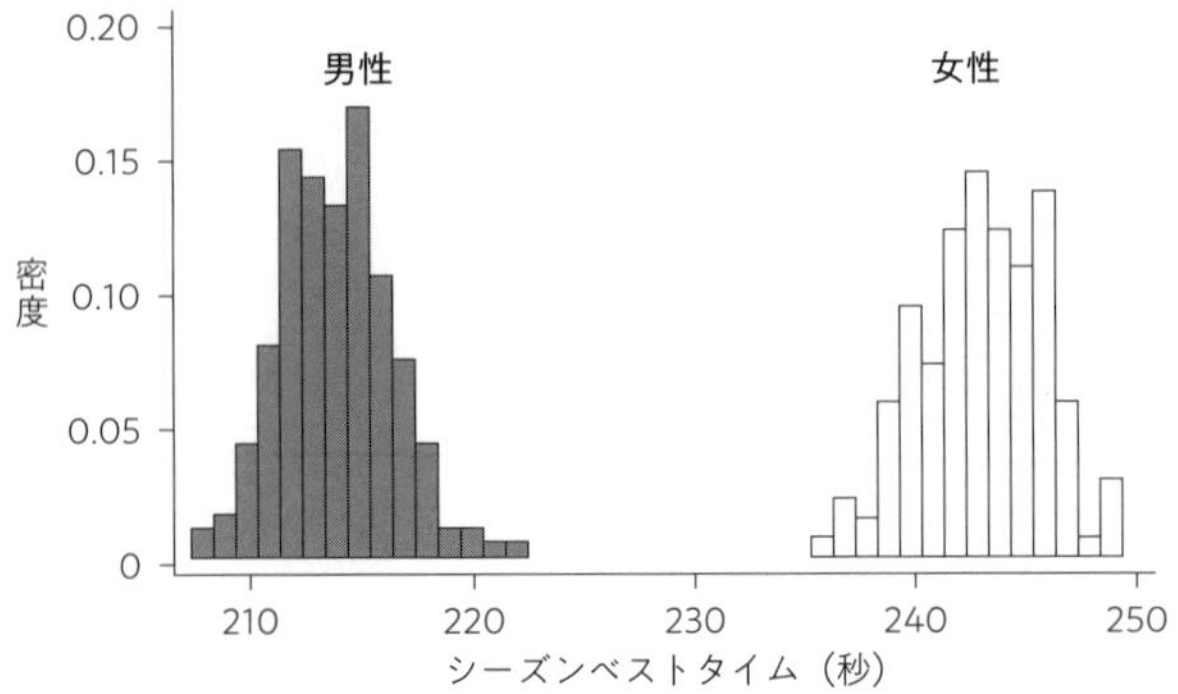

（出所）　Emerson and Hill (2014) Figure 2.

ショナルなランナーなので、男性ランナーと変わらない競争心を持っているはずだ。

エマーソンとヒルは、2003年から2012年までの世界陸上やオリンピックのような世界トップレベルの大会で開催された1500m走のラップ・タイムと記録から検証した。[18] 図表2-4は、準決勝に進出したランナーのシーズンベストタイムの散らばりぐあいを分布で表したものである。見てのとおり、平均のシーズンベストタイムは男女で違いがあるが、男性ランナー、女性ランナーともタイムの散らばりぐあいはほぼ同じであり、囲まれているライバルとの競争の熾烈さに男女の違いはないことがわかる。すなわち、男性ランナー、女性ランナーともほぼ同じような競争環境に置かれているといえる。準決勝に進出したランナーだけでなく、予選に参加したランナーや決勝に進出したランナーのシーズンベストタイムの分布からも同じことがいえる。

彼らの研究によると、男性ランナーは自分の組にいるシーズンベストタイムが遅い選手のペースに合わせて走る傾向にあることがわかった。組の全員がシーズンベストタイムの遅いランナーのペースに合わせるので、組全体がスローペースになり、体力を温存することができるわけだ。そして、ラスト200mくらいからラストスパートを仕掛けて集団から抜け出し、6着以内に滑り込もうとする。男性ランナーの場合、自分自身のパフォーマンスは自分が走る組の他のランナーのペースに影響を受けるので、ピア効果が大きいと考えられる。男性は戦略的に走っているといえる。

その一方で、女性ランナーはそこまで周りを気にして戦略的に考えて走っていない。もちろん、予選、準決勝、決勝に上がるにつれ全体のタイムは良くなるので、限られた体力を最適に配分していると思われる。しかし、男性ランナーほど周りのランナー（シーズンベストタイムが遅いランナー）の影響を受けることはない。女性ランナーの場合、自分自身の実力（シーズンベスト）どおりのパフォーマンス（結果）を発揮している。

図表2-5から男性ランナーのほうがスローペースで走る傾向があることがわかる。男性ランナーの予選の平均記録は3分43秒62と、彼らの

図表2-5　予選タイムとシーズンベストタイムの差（男女別）

	男性	女性	差
予選タイム	3分43秒62	4分13秒83	30秒21
シーズンベストタイム	3分37秒15	4分7秒16	30秒01
差	6秒47	6秒67	

（出所）Emerson and Hill (2014), Table 2.

シーズンベストタイムの平均である3分37秒15よりも6秒47遅くなっている。その一方で、女性ランナーの場合、予選の平均記録は4分13秒83と、彼女らのシーズンベストタイムの平均である4分7秒16よりも6秒67遅くなっている。ほぼ同じくらいのタイム差ではあるが、男性ランナーのシーズンベストタイムは女性ランナーのそれより30秒も速いので、男性ランナーのほうが1秒ゆっくり走ることで体力を温存できる度合いは大きい。同じ6秒の差でも、男性ランナーのほうが女性ランナーよりも体力をできるだけ消耗しないように、ゆっくりとスローペースで走っていることがわかる。

男性ランナーはできるだけ体力を温存するために遅いタイムで準決勝や決勝に進もうとするが、当然、ラストスパートに失敗し、タイムでも拾われないまま予選・準決勝敗退する危険性がある。反対に、女性ランナーは、そのような冒険はせず、自分の実力に見合ったペース配分を心がけて競技に挑む堅実な姿勢が垣間見える。

おわりに

男女の認知スキル水準が同じなのに、女性のほうが男性よりも昇進しにくい一つの理由として、リーダーシップや競争心のような非認知スキルが女性に足りないからだという考えがある。そして、なぜ足りないのかという一つの理由として、中高生のときに非認知スキルを習得できる運動部活動に、女性は男性に比べて熱心に参加しなかったからということがあげられている。

スティーブンソンの研究によると、女子高生はスポーツ活動に参加することで、大学進学やキャリアにプラスの影響があったと報告した。スポーツ活動を通じて自己肯定感と自信が高まったと考えられる。しかし、日本の場合、中高生とも女子のスポーツに参加する確率は、男子のそれよりも相当低いのが現状である。だからといって、女子は放課後何もしていないわけではなく、他の課外活動や習い事に男子よりも時間を割いていた。習い事は認知スキルを高めることにもつながるので、重要な活動である。**ただ、スポーツがもたらす効果、習い事がもたらす効果を理解しておくべきであろう。限られた時間をスポーツに割くか、それとも習い事に割くかは本人の自由である。**

競争心に関して、男性は自信過剰で競争を好み、女性は男性に比べて自信過小で競争を避ける傾向にある。しかも、イスラエルの研究では、小学生の時点でもすでに競争選好に男女の違いがあった。しかし、競争を好む、好まないは先天的なものではなく、生まれた環境、文化、慣習によるものだと主張する研究もある。**女性にもっと競争心を持つように仕向けるには、性別役割分担のような習慣をなくし、幼少時のころから競争は避けるべきものではないと教えることがまず重要であろう。**

とはいっても、女性がつねに競争を避けているわけではない。先に紹介した女性中距離ランナーのように競争環境に身を置く女性はいる。ただ、競争に対する姿勢が男女で違っているようにも見える。**男性は「他者との競争」に勝つことに重きを置くが、それとは対照的に女性は「自分自身との競争」に勝つことを目的としているともいえるだろう。**

コラム③　操作変数法

スポーツに参加するか否かの選択と将来の成績・学歴やキャリアの選択、これら二つの意思決定に同時に影響を及ぼすような潜在的な能力が観察できない場合、成績・学歴、またはキャリア選択をスポーツの活動状況を表す変数で回帰分析しても、スポーツ活動の効果を過大に評価してしまうことになる。潜在的に能力がある人は勉強もスポーツも何でもできるからだ。これは第1章コラム②で説明した欠落変数バイアスによる「見せかけの相関」問題である。つまり、観察できない生まれつきの能力や特性が、スポーツ活動の決定に影響を及ぼしていることが問題である。

そこで、スポーツ活動→成績・進学・キャリアの因果関係を捉える一つの方法として「操作変数法」がある。操作変数とは、原因（スポーツ活動の選択）に影響を与え、それを経由して間接的に結果（成績・進学・キャリア）に影響を与えるが、直接的には結果に影響を与えないような変数のことである。結果に直接影響を与えないということは、言い換えれば、観察できない潜在的な能力と相関しないことを意味する。（図表2－6⑴）

詳細な方法は省略するが、操作変数を使って、「そもそも何でも能力が高い人はスポーツにも取り組む」という生まれつきの能力→スポーツ活動という効果を取り除いた新たな「スポーツ活動」の変数を作成する。つまり、生まれつきの能力と相関しない「スポーツ活動」変数のことである。その変数を使って回帰分析をすると、純粋にスポーツ活動→成績・進学・キャリアの因果関係を捉えることができる（図表2－6⑵）。

図表 2-6 操作変数法

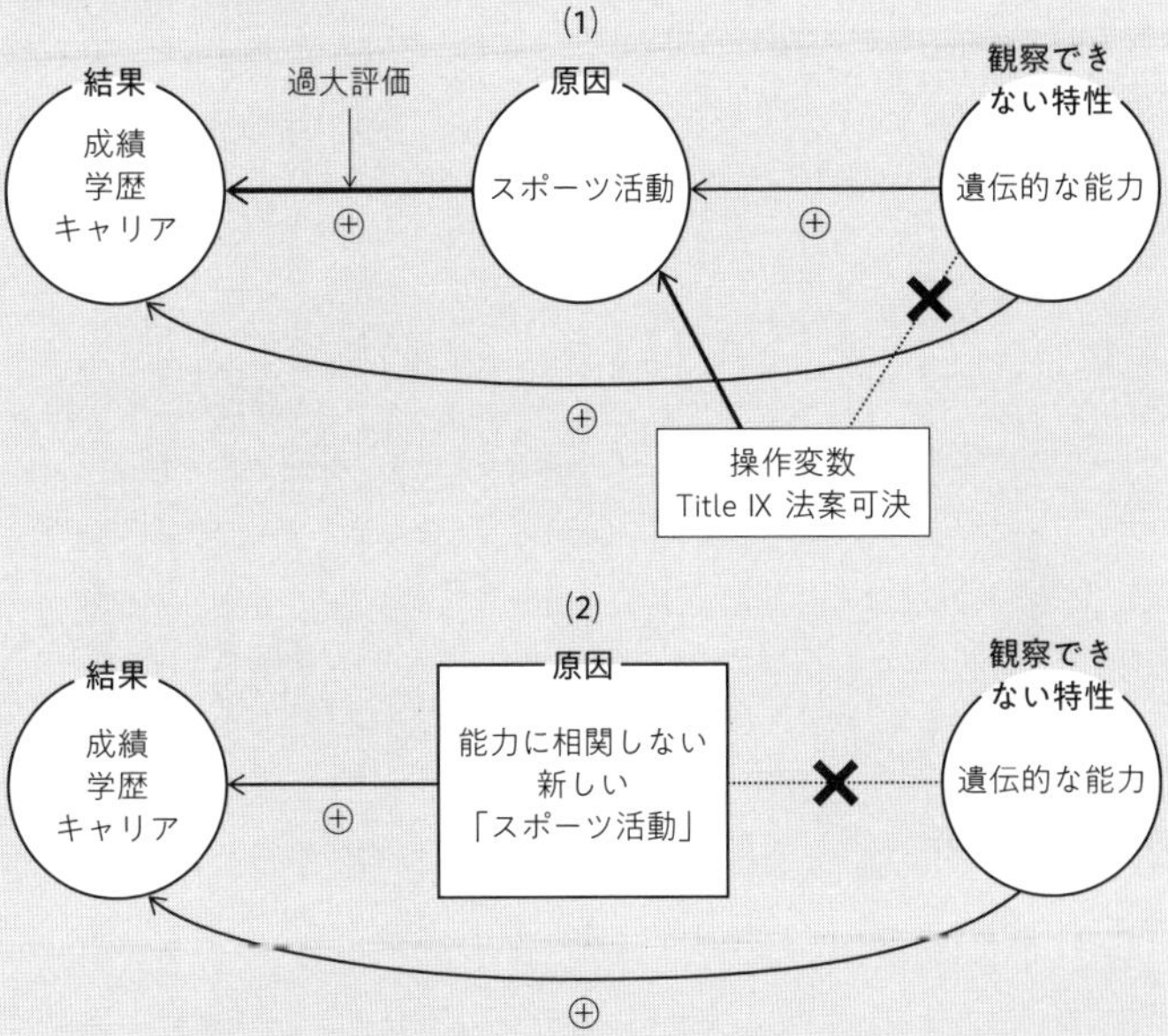

本文のスティーブンソンの研究では、1972年にアメリカ連邦議会で可決されたTitle IX（男女教育機会均等法案）の可決を操作変数として採用した。この法案可決によって女子が通う学校は補助金をもらい、その代わりに女子スポーツの振興に努めた結果、女子高校生のスポーツ参加割合は上昇するので、この法案可決というイベントは原因（女子のスポーツ活動の選択）に影響を与えるといえる。その一方で、この法案可決そのものは女子高校生個人の潜在的な能力とはまったく関係ない。したがって、Title IXは操作変数の条件を満たしているので、有効と

いえる。

法案が可決しても、実際に補助金を受け、女子スポーツ振興に努め始めるタイミングは州によって異なっていた。法案可決前（1971年）での男子高校生のスポーツ参加割合が高い州ほど、法案に従って女子スポーツ振興に着手する時期が早いことがわかっていたので、この1971年時点での男子高校生スポーツ参加割合を実際の操作変数とした。

中室・津川（2017）はわかりやすく操作変数法について解説している。

第3章

スポーツで目標を達成する力を伸ばせるか？

——行動経済学から見たスポーツにおける損失回避行動

はじめに

スポーツ競技の結果を左右する要因は、生まれ持った才能と絶え間ない努力だけでなく、メンタルの部分も大きいであろう。終盤になって急にスピードを上げられるマラソン・ランナーの頑張り、シーズン残り試合がわずかな状況で固め打ちができるプロ野球選手の集中力、絶対決めなければいけないパー・パットを沈めるプロゴルファーの精神力。体が疲れきっていながら、プレッシャーを感じる状況で、なぜ目標に向かって集中し、頑張れるのであろうか。

その理由の一つとして、そのような選手たちは「行動経済学」の分野でいう「損失回避」的な特性を持っているからではないのかと考える。すなわち、心の中で決めている目標に達することができないことを非常に嫌がる特性があるため、選手たちは頑張れるというわけだ。マラソン・ランナーは目標タイムにギリギリ届かないことを非常に嫌がり、そうならないように苦しくてもスピードを上げたり、プロ野球選手は切りのよい打率3割を少しだけ切ってシーズンを終わるのを非常に嫌がり、残り少ない試合に集中して打席に入ったり、プロゴルファーは各ホールの基準打数となるパーを超えることを非常に嫌がるので、集中してパー・パットに臨んだりすると考えられる。

そうすると損失回避的な特性を持つ人ほど、ここぞという場面で頑張ろうと思うが、力を発揮するためには、第1章で紹介した非認知スキルの一つである闘争心や根性、そして自制心が必要だ。日頃から苦しい練習に耐えて根性、忍耐力を鍛えているからこそ、苦しいときにでも力を発揮できるのであろう。損失的回避的な特性は生まれ持ったものとして考えられている一方で、その特性は後述するように個人属性や環境によって形成されるという研究もある。

大学で学ぶ伝統的な経済学では、人々は自分本位で合理的に行動するものと想定していたが、必ずしも人々は「経済合理性」に基づいて行動しているわけではない。経済非合理的な行動をするときも当然あり、なぜ経済非合理的になるのかを探ることに焦点を当てたのが行動経済学という学問分野である。行動経済学の分野で取り扱うトピックはいろいろあるが、ここでは「損失回避」的な特性とそれによる行動に着目する。

これまで数多くの実証研究や経済実験から、人々は損失回避的な特性を持つのか、そしてどのような個人属性を持つ人が損失回避的なのかを検証する研究が蓄積されてきた。本章では、人々がどういう状況で損失回避的な行動をするのかを、スポーツを通じて得られたデータから検証した研究を紹介する。

参照点依存と損失回避的な行動──損するのは得するよりもイヤ

行動経済学で学ぶ「損失回避的な特性」の一つとしては、獲得よりも損失に対して敏感に反応することである。得も損もしないゼロの状態を基準とし、たとえば道ばたで1000円を拾ったときに感じる嬉しさの度合い（これを経済学では「効用水準」と呼ぶ）よりも、同じ1000円を落としたときに感じる悲しさの度合いのほうが大きく感じることを意味する。得すること以上に損することに敏感になり、損することを強く嫌がる傾向にある。得も損もしない状態にあることを示すグラフ上の点を「参照点」と呼び、得と損に応じて心の中で嬉しさや悲しさを感じる際の価値基準の点を意味し、心の中で決めている達成したい基準点や目標でもある。

事前に心の中で決めた基準点である参照点を設定し、その基準よりも多いか少ないかで損得を勘定するような特性を「参照依存型」の特性という。これはダニエル・カーネマンとエイモス・トベルスキーが提唱した「プロスペクト理論」を構成する大きな柱の一つである。[1]

本章では、得する以上に損することを嫌がる損失回避的な特性に着目する。もう一つの特性であるリスク回避性との関連については章末のコラム④で解説する。図表３－１は損失回避的な特性を示すグラフであり、カーネマンとトベルスキーはこれを「価値関数」と名付けた。

図表 3－1　価値関数

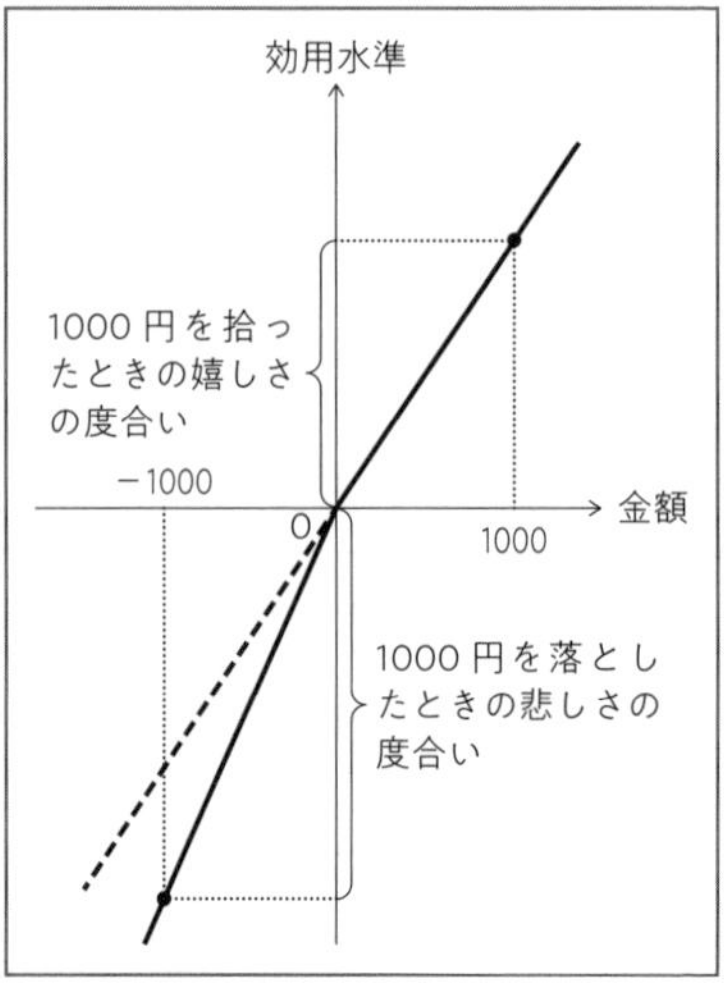

縦軸と横軸が交差する点が心の中で設定した基準点、すなわち参照点である。それよりも右側の獲得する局面では、右上がりの直線となっており、獲得すればするほど効用水準が高まっていることを意味する。参照点の左側の損失する局面でも、同じように右上がりの直線となっており、損失すればするほど効用水準が低下していくことを意味する。

ここで注目すべきことは、損失局面の直線の傾きは獲得局面の傾きよりも急になっていることである。**１０００円を失った場合の悲しい気持ちの度合いは、同じ１０００円を獲得した場合の嬉しい気持ちの度合いを上回っていることになる。そのような特性を持つ人は、得しようとする気持ち以上に損をしないようにする気持ちが強く働き、損することを避ける行動を選択する。**

損失回避的な特性は生まれ持ったものという考え方もあれば、個人の属性や自分の周りの環境によって影響されるという研究がある。メイ・ワンらの研究では、53カ国をカバーする国際的なアンケート調査によって、損失回避性の度合いが環境や文化によって、どれくらい異なるかを調査した。[2] 研究結果によると、個人主義的な社会にいる人ほど、上下関係が厳しい環境にいる人ほど、そして男性は男らしさが求められる社会にいる人ほど、損失回避度が高いことがわかった。

個人主義的な社会にいる人は、だいたい個人主義的であると考えられる。そのような人は、自分がモノを所有していないときに比べて、実際に手元に持っているときにモノの価値を高く評価する傾向にあるので、手元のモノを失うことに強く抵抗を感じる。[3] 上下関係が徹底している社会では、なにか失敗して社会の枠組みから外されないようにすることを強く意識すると考えられるので、人々は損失回避的になると思われる。男らしさを求められる社会では、なにかと競争が多く、そしてその競争に勝つことが求められている。したがって、負けることで称賛や名誉を失うことを強く嫌がると考えられる。

スポーツ選手も基準となる参照点を設定し、それを下回るような結果になることを避けようとする。それは一般の人だけでなく、プロフェッショナルな一流選手もそうだ。次節からスポーツのプレーから選手は損失回避的な特性を持つのかを紹介する。

損失回避的な行動をするマラソン・ランナー——なにがなんでもサブ4

日本ほどマラソンや駅伝の人気が高い国はないだろう。毎年冬になると学生対抗駅伝大会（出雲駅伝、全日本大学対抗駅伝、箱根駅伝）、実業団駅伝（ニューイヤー駅伝、クイーンズ駅伝）、全国高等学校駅伝、都道府県対抗駅伝と多くの駅伝大会、それに福岡国際マラソン、さいたま国際マラソン、大阪国際女子マラソン、名古屋ウィメンズマラソン、びわ湖毎日マラソン、別府大分マラソンなどのマラソン大会が目白押しで、多くのファンを魅了している。[4] ２０１９年にあった東京オリンピック代表選手選考会であるＭＧＣは大いに盛り上がった。また、大阪マラソンや東京マラソンのように競技型と市民参加型が融合したマラソン大会は毎年参加希望者が殺到するほど人気がある。

スポーツエントリー（Sports Entry）のウェブサイトによると、２０２０年に開催されたマラソン大会は、ハーフ・マラソンやリレー・マラソン大会を含めて全国で４０７件あった。[5] 新型コロナウイルス感染拡大の影響により、２０１９年の４９６件よりも少なく、４０７件のなかには直前になって感染症対策による自粛で中止になった大会も含まれている。

しかし、それでも、マラソン人気は依然高いままであることがわかる。本節ではランナーのゴール・タイムやラップ・タイムのデータから市民ランナーの走り方を探り、彼らが損失回避的な走り方をしていることを報告したエリック・アレンらの研究を紹介する。[6]

多くの市民ランナーにとって、フル・マラソンを４時間以内にゴールすること（サブ４）は大きな目標となっている。実は４時間だけでなく、３時間、３時間30分、４時間30分と30分刻みの切りのよい時間を目標タイムに設定することが、市民ランナーを対象としたアンケート調査からわかっている。すなわち、多くの市民ランナーは切りのよい時間を目標とするターゲット、すなわち「参照点」にしていることを意味する。ランナーのゴール・タイムを棒グラフで確認すると、30分ごとに区切った切りのよいタイム（参照点）から数分前にゴールするランナーの人数が突出して多い一方で、参照点から数分後にゴールするランナーの人数は急減している（図表3－2）。この結果から、目標タイムよりもちょっとでも遅くなることで感じる大きな不満、悔しさを強く意識し、それを避けるような走り方をしていることがわかる。とくに、優れた市民ランナーとして称賛される4時間（サブ4）の区切りでは、4時間手前のタイムでゴールするランナーが多いことから、なにがなんでも4時間を超えることを避けようとすることが顕著に観察される。したがって、多くの市民ランナーは総じて損失回避的な特性を持っているといえる。

図表3－2　市民マラソン・ランナーの記録

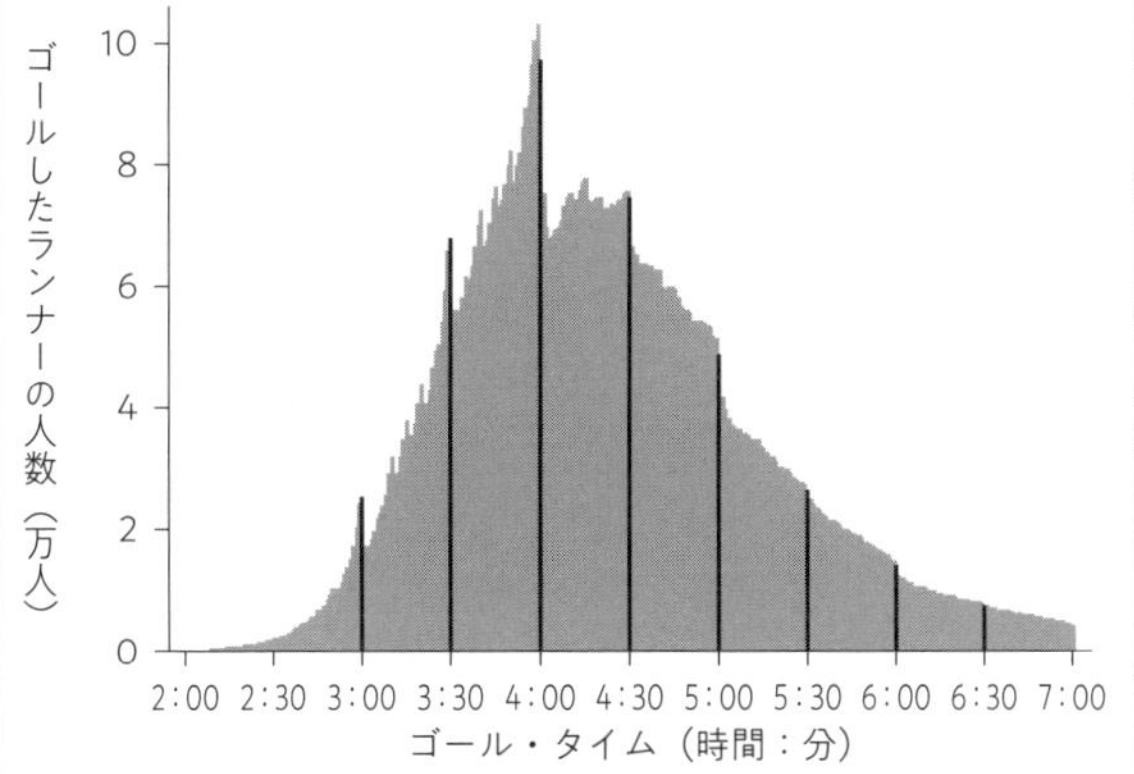

（出所） Allen et al. (2017).

しかし、参照点である目標タイムをスタート前に設定していたとしても、42・195キロの長丁場なので、そのときの体調や天候によって計画どおりに進むとは限らない。ラップ・タイムのデータをさらに詳細に観察したところ、ゴールに近づくにつれ、参照点である目標タイムよりも少し早めにゴールできるように調整していることが確認できた。あと2キロ強に迫った40キロ時点で、このままのペースでは目標タイムにギリギリ届かないことに気づくと、ランナーは目標タイム内にゴールできるようにペースを引き上げようと努力する。それとは反対に、どれだけペースを上げたところで目標タイム内にゴールできないとあきらめた場合、または、このままのペースで走っても十分目標タイム内で走ることができると確信した場合、40キロを超えてからランナーのペースは少し落ちることがデータからわかった。

では、市民ランナーたちはつねに目標タイムとなる参照点に依存し、損失回避的な走り方をしているのであろうか。実は、ハーフ・マラソンや10キロ・マラソンと距離が短い場合、フル・マラソンと同じパターンが観察されつつも、それほど明確に切りのよいタイムの直前でゴールをするランナーの数が突出して多いことにはならなかった。

42・195キロと長丁場のフル・マラソンはベテラン・ランナーでも何が起こるかわからない競技である。天候や自身の体調など想定外のことが記録を左右する。そのような状況では、ランナーは参照点という目標タイムを設定し、その目標タイムよりも速く走ることよりも、遅くなることを強く意識してしまい、それを避けようとする。その一方で、**距離が短い10キロ・マラソンやハーフ・マラソンは、フル・マラソンに比べて想定外の変化による記録への影響はそれほど大きくない。したがって、損失回避的な走り方とは異なり、市民ランナーは、タイムが遅くなることをあまり意**

識せず、むしろタイムを縮めることをより強く意識し、もっと速く走ること、またはできるだけ上位に入ることをめざしている。

正月の風物詩である箱根駅伝の終盤で、シード圏内最後の10位の選手に追いつけそうな11位の選手がペースを上げるシーンを見かけるが、これは単にシード圏内という参照点に向かって走っているのではなく、シード権を獲得することで来年の大会出場権を自動的に獲得できるという明確な「ご褒美」があり、それが動機づけとなって懸命に追いつき、抜かそうとするわけである。したがって、この場合は参照点依存型モデルに準拠した損失回避的な行動とはいえない。

それとは対照的に、市民マラソン・ランナーの場合、4時間以内に走ったからといって、とくに賞品や来年の大会の出場権というご褒美がもらえるわけではない。明確な動機づけがないにもかかわらず、それでも4時間以内でゴールしようとするのは、4時間を超えてしまうことで感じる悔しさが特別大きく、それを味わいたくないからなんとかして4時間以内で走ろうとするのである。

行動経済学を含めた経済学は、マラソンや駅伝のようなスポーツで選手や市民ランナーがどのような走り方をするのかを解明するのにユニークな知見を与えてくれる。

損失回避的な行動をするプロ野球選手——なにがなんでも3割キープ

損失回避的な行動をするのは市民ランナーだけではない。プロ野球選手もそうだ。プロ野球選手の場合、打者は打率、ホームラン数、打点、盗塁数など、投手は勝利数、防御率など個人のパフォーマンスを示す指標（スタッツ）が数多くあり、野球ファンはお気に入りのチームの選手の成績に一喜一憂しながら野球観戦を楽しむ。

デビン・ポープとウリ・サイモンソンの研究はメジャーリーグの打率データを使って、メジャーリーグのバッターが参照点に依存し、そして損失回避的な特性を持っているかどうかを検証した。[7] 日本のプロ野球界やメジャーリーグでも多くのバッターにとって、打率３割は大きな目標となっていることに異論はないだろう。新聞やメディアでも打率３割を超えていると好打者として報道しているし、ファンもまた打率３割を境に「期待できるバッター」と「あまり期待できないバッター」とに区別している。打率３割という基準点が一般的に広く共有されていることから、バッターにとってシーズン終了時で打率３割に届いているかどうかで自分のパフォーマンスに対する満足感が大いに違ってくると予想される。

すなわち、打率３割を参照点とし、３割を超えれば効用水準（満足度）が追加されるが、反対に届かなければ効用水準が大きく下がってしまう。しかも、ギリギリ届かなかった場合の効用水準の下落幅が大きくなるという損失回避的な特性を有しているとすれば、もう少しで３割に届きそうなバッターはなんとかして打率３割にしようと奮起すると考えられる。

市民マラソン・ランナーの記録と同様に、ポープとサイモンソンは１９７５年から２００８年までの期間で規定打席（２００打席）を満たしたバッターに限定して、シーズン終了時の打率別バッ

図表3－3　バッターの打率の分布

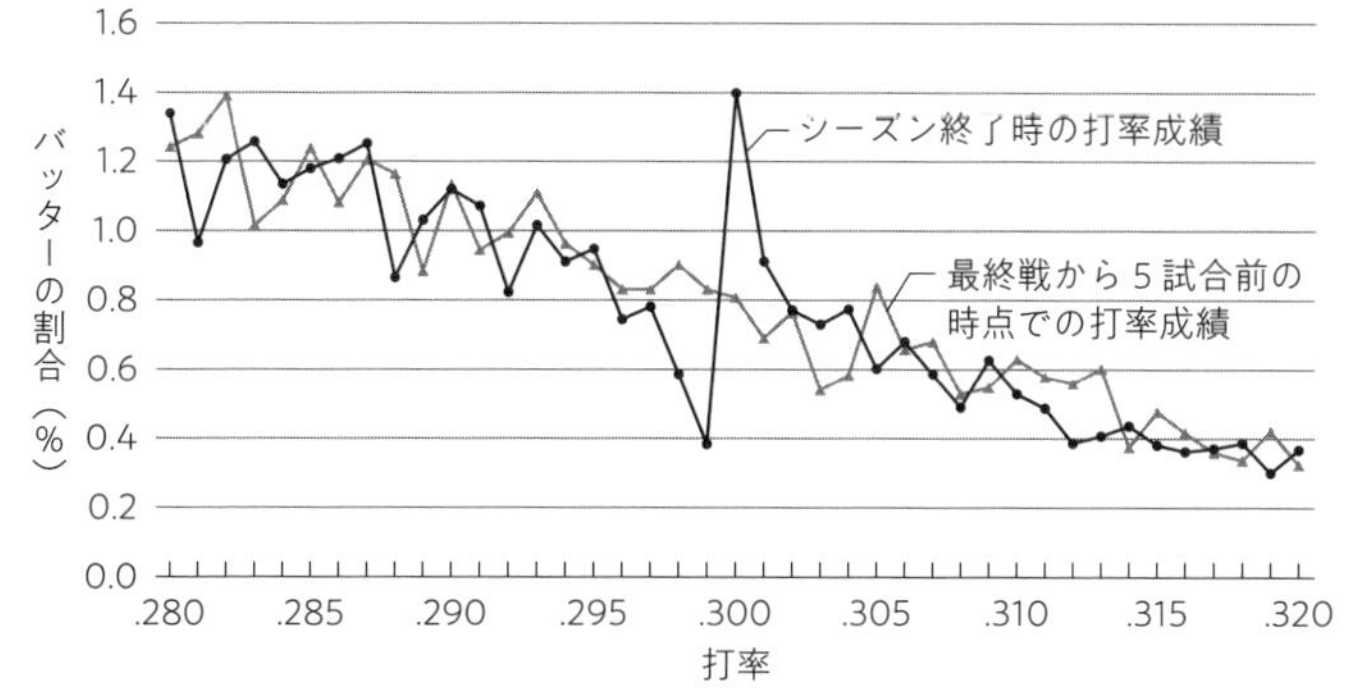

（出所） Pope and Simonsohn (2011).

ターの割合を示す折れ線グラフを作成した（図表3－3）。予想どおり、**打率3割の成績を残したバッターの割合は極端に高くなっている一方で、3割を少し下回る割合は極端に低くなっており、3割で大きなジャンプが観察される。**それ以外の打率では大きなジャンプは見られず、打率が高くなるにつれバッターの割合は徐々にスムーズに低下している。

　バッターは2割9分9厘で終わりたくない、なんとかにしてシーズン終了までに3割に乗せたいという意思が折れ線グラフから垣間見える。**それほど2割9分9厘で終わることを避けたいとバッターが感じているとすれば、バッターは3割を参照点として損失回避的な特性を持っているといえる。**さらに、同じグラフにはシーズン終了5試合前時点での打率別バッターの割合を示す折れ線も重ねて表示している。面白いことに、この時点では打率3割での大きなジャンプが見当たらないことがわかる。打率が高くなるにつれてバッターの割合は一貫してスムーズに低下していることがわかる。では、残り5試合でどうやって2割9分9厘のバッターは3割に乗せるのであろうか。

ポープとサイモンソンは、3割にわずかに届かない状況で最終戦を迎えた選手の行動に注目した。彼らの調査によると、そのようなバッターは積極的に打っていき打率を引き上げようとする一方で、打率に影響しないフォアボールを選ぼうとはしないことがわかった。最終戦直前で打率がちょうど3割と3割1厘のバッターのうち最終戦でヒットを打った割合は22・4%、その一方で2割9分8厘と9厘のバッターのうちヒットを打った割合は35・2%と高くなった。2割9分9厘のバッターだけに限れば43%がヒットを打っている。同様に、3割と3割1厘のバッターのうち最終戦でフォアボールを選んだ割合は8・6%、その一方で2割9分8厘と9厘のバッターのうちフォアボールを選んだのは2・5%しかいなかった。打つために多少のボール球でも積極的にバットを振っていく姿勢がうかがえる。

シーズン終盤時点でわずかに3割を上回ったバッターも最終戦が終わるまで安心できない。打率はホームラン数や打点と違って、成績が上がったり下がったりするからだ。仮に最終戦前までちょうど打率3割をキープしていたとしても、最終戦で4打数ノーヒットなら3割を割ってしまう可能性は十分ある。そうならないための方法としては、監督にお願いして試合に出ないようにすることもある。再びポープとサイモンソンの研究によると、2割9分8厘と9厘のバッターのうち最終戦で代打を告げられベンチに引っ込む割合は4・1%であるのに対して、3割と3割1厘のバッターでは19・7％もあった。3割ちょうどのバッターに限ると34・3％がベンチに引っ込んだ。打率を下げる可能性があるので、打席に立たずこのまま打率3割でシーズンを終了しようとしているのがわかる。

打率は相手（投手）があって決まるものなので、必ずしも自分の裁量で決まるものではないと思われるが、試合に出たり、出なかったりして多少自分で操作することができる。打者は打率3割を割ることで被る大きな損失を回避するために、打率を3割になるようにあの手この手を使っているようだ。

単に3割を切るのが嫌なだけ？

前節でメジャーリーガーは打率3割を目標にし、それに固執していることがわかった。その理由として、メジャーリーガーは損失回避的な特性を持ち、参照点となる打率3割を下回ることに大きな損失、そして大きなマイナスの効用を感じるため、それをなんとかして避けようとすると述べた。しかし、3割にこだわる理由はそれだけなのであろうか。

ほかにこだわる理由の一つが契約更改である。バッターが打率3割にこだわる理由は、それを超えれば来季の契約更改で年俸アップが見込まれるからかもしれない。もしそうなら、ここまで3割にこだわるのは損失回避的な特性によるものではなく、単に金銭的な動機づけによるものと解釈できる。ポープとサイモンソンはそこまで踏み込んで研究していなかった。

丹治伶峰の研究では、さらに期間を拡張したメジャーリーガーの打率データを使ってポープとサイモンソンと同様の分析を行ったうえで、その理由が金銭的な動機によるものか、それとも損失回避的な特性によるものかを検証した。[8]

彼の研究によると、まず1957年から2018年までの拡張データを使っても、打率3割で大きなジャンプが観察された。今でもメジャーリーガーは打率3割にこだわっているのがわかる。次にメジャーリーガーがシーズン終了後に契約する来シーズンの年俸契約額が打率3割前後で大きく違うかを確認した。彼の研究によると、今シーズン打率2割9分だったバッターの来季の平均年俸額は、打率3割だったバッターのそれと統計的に大きな違いはなかった。すなわち、**3割をマークしたからといって、それが来季の年俸に反映されているわけではないことを意味する。それでも打率3割にこだわり、なんとかして3割以上で終了しようとする姿勢は、金銭的な動機ではなく、むしろ単に3割を下回ることで大きな損失を感じる損失回避的な特性によるものと解釈できる。**

最近の契約は複雑になり、シーズンが始まる前にさまざまなオプション契約を結んでいる。3割を打ったらボーナスを支給するオプション契約をシーズンが始まる前に結んでいるため、3割打っても来季の契約更改に反映されないが、シーズン終了後にしっかりとボーナスを受け取っている可能性は十分考えられる。しかし、彼の研究が採用したデータの期間中の契約方法はまだそこまで複雑化されておらず、単純な契約更改だったので、オプション契約を考慮する必要はそれほどないと思われる。

プロゴルファーも損失回避的？

プロゴルファーも、また、損失回避的な特性を持つ。ポープとモーリス・シュヴァイツァーは、アメリカ各地で開催されるPGAツアーに参加するプロゴルファーのパット・ショットの成功確率から、プロゴルファーは平均的に損失回避的な特性を持っていることを証明した。[9]

PGAツアーの各トーナメントは決勝ラウンドに進めば4日間計72ホールを回り、4日間の総合成績で順位を決める。もちろん、参加選手のなかで一番ストロークの数が少ない選手が優勝し多額の賞金を獲得できるので、自分とライバルとの競争である。ライバルより1ストロークでも少なければ勝利を手にすることができる。しかし、ゴルフの特性から各ホールのパー（そのホールを終了するために目安となる打数──3、4、または5）が設定されているので、自然とそれが参照点の役割を果たすことになっていると考えられる。たとえば、パー5のホールでは目安となる打数は5で、5打目でボールをカップに沈めたら「パー」で成績はゼロ、1打少なく計4打で終了すれば「バーディ」で成績は−1、反対に1打多く計6打で終了すれば「ボギー」で成績は+1となる。すべてのホールの成績を足し合わせて総合成績を決める。その合計点が小さいほどよい成績となる。

ポープとシュヴァイツァーはホールごとに目安となる打数（パー）が設定されていることに着目

して、グリーン上のボールをカップに沈める最終ショットであるパットの段階で、沈めればパーとなるショット（パー・パット）の成功確率と、そのほかのときのショット（バーディ・パットやボギー・パットなど）の成功確率とを比較した。つまり、パー5のホールの場合、4打目でグリーンに乗ったボールをカップに沈める第5打目のパー・パットの成功確率と、3打目でグリーンに乗ったボールをカップに沈める第4打目のバーディ・パットの成功確率、グリーンオンまで5回も打ちカップに沈める第6打目のボギー・パットの成功確率を比較した。

彼らはPGAツアーに参加したプロゴルファーが打つ250万以上のパットのデータを利用した。研究結果によると、**パー・パットの成功確率はバーディ・パットの成功確率よりも約2%ポイント高いことがわかった。**やはり、たとえばパー5のホールなら多くても5打で終わらなければいけないという強い思いから、**パー・パットを失敗してパーを取り損ねることをなんとかして避けようとするので、パー・パットにとくに集中して臨む結果、パー・パットの確率が高くなると考えられる。**

ボギー・パットの成功確率は、予想と異なり、パー・パットの成功確率よりも約1%ポイントほど高かった。その理由としては、各ホールに提示されて目安となる打数を参照点としていたのではなく、プロゴルファーが自分で参照点を決めていたとも考えられる。前の組のほとんどのゴルファーがボギーで終了した難しいパー5のコースでは、参照点はパー（5打）ではなく、ボギー（6打）となっている。プロゴルファーたちは他の組のゴルファーの成績を踏まえたうえで正しく成功する確率を算出し、それをもとに最適な参照点を導き出していると解釈できる。[10]

ＰＧＡツアーの各トーナメントは決勝ラウンドまで進めば4日間プレーするが、パー・パットとバーディ・パットの成功確率の差は初日が一番大きく、徐々に小さくなることもわかった。これが意味することは、初日の予選ラウンドはまだ自分の順位やライバルがはっきりしない状況なので、市民マラソン・ランナーと同様に自分との戦いの様相を呈する。その場合、プレーに対する姿勢がより自分の特性に影響されることになり、各ホールのパーを参照点と捉え、損失回避的な特性ゆえにパーを下回らないよう努める。しかし、3日目、4日目の決勝ラウンドに進むと自分の順位や戦うべきライバルが明らかになるので、彼らの成績を基準にプレーする。たとえば、一緒にラウンドを回るライバルがバーディを取れば、自分もバーディを取るためにバーディ・パットの集中力が高まり、成功確率が高くなる。

加えて、**バーディ・チャンスの状況では、ゴルファーは慎重にパットを打つこともわかった。**パー・パットに比べて弱めに打つ傾向にあり、カップの手前で止まる確率が高かった。バーディ・チャンスという局面でのゴルファーの心理状況は、「パットを強く打てばバーディ・パットを沈めることができるかもしれないが、ボールがコースを外れてカップから大きく離れてしまうかもしれない。そうなると、パー・パットですら難しくなってしまう。それよりも、バーディ・パットを沈めることができないかもしれないけど、まずは弱めに打っておこう。たとえバーディ・パットを失敗してもカップに近づくので、次のパー・パットが成功する確率は高くなるだろう」と考えるのであろう。強気に打った結果、パーでさえも取れない状況を強く避けたがる。

おわりに

市民マラソン・ランナーだろうと、プロの野球選手やゴルファーであろうと平均的に損失回避的な特性を持っていることがわかった。サブ4に届きそうにないとき、打率3割を切りそうなとき、パー・パットを決めないといけないとき、このような達成できなければ大きな損失を被りそうな状況では、そうならないように努める。市民マラソン・ランナーなら歯を食いしばってペースを上げて4時間以内にゴールしようとしたり、打者はいつも以上に集中して打席に立ちヒットを打とうとしたり、そしてプロゴルファーもとくに集中してパー・パットに臨んだりすることがわかった。[11]直面する大きな損失を避けるために、彼・彼女らには歯を食いしばる根性、必要なときに集中力を高められる自制心が求められている。それができるようになるためには、非認知スキルを身につけておく必要がある。

非認知スキルを身につけていると、いざというときに努力する、根性を出す、集中することによって生じる身体的・心理的負担(コスト)が少ないので、必要な場面で非認知スキルを発揮しやすくなる。その結果、損失による大きなマイナスの効用を被ることを避けやすくなる。

サブ4をなんとか達成できる市民マラソン・ランナー、なんとか打率3割でシーズンを終えることができるプロ野球選手、そしてパー・パットを決められるプロゴルファーは、そのような非認知スキルを身につけているといえる。なぜなら、身につけているがゆえに頑張りたいときに頑張ることができ、大きな損失を避けることができたからだ。

損失回避的な特性を有するなら、非認知スキルを習得しておくとよい。いざというときに大きな損失を避けることができる力を与えくれる。本章で紹介したスポーツ・シーンでの損失を回避するには、スポーツを通じて身につけた根性や自制心のような非認知スキルは有効であろう。しかし、これらスポーツで身につけた非認知スキルはビジネス・シーンでも有効だと思う。ノルマという参照点に向かって働き続ける営業マンはノルマ未達になりそうな締め日間近になると、スポーツで身につけた根性や自制心を発揮し、ノルマ未達を避けることができるだろう。

コラム④　リスク回避的特性とリスク愛好的特性

損失回避性に関するもう一つの特性について説明しよう。それは、参照点よりも利得を獲得する局面では「リスク回避的な特性」を持つが、その一方で参照点よりも利得を損失する局面では「リスク愛好的な特性」を持つような非対称的な特性を持つことである。これが意味することは、1000円をもらえる確率と1円ももらえない確率が半々のくじという選択肢と、確実に500円もらえる選択肢とでは、リスク回避的となり、確実にもらえる後者の選択肢を選ぶ。その一方で、1000円を支払うことになる確率と1円も支払う必要のない確率が半々のくじという選択肢と、確実に500円支払う選択肢とでは、リスク愛好的になって一か八かのくじを選ぶような特性にな

図表3-4　価値関数

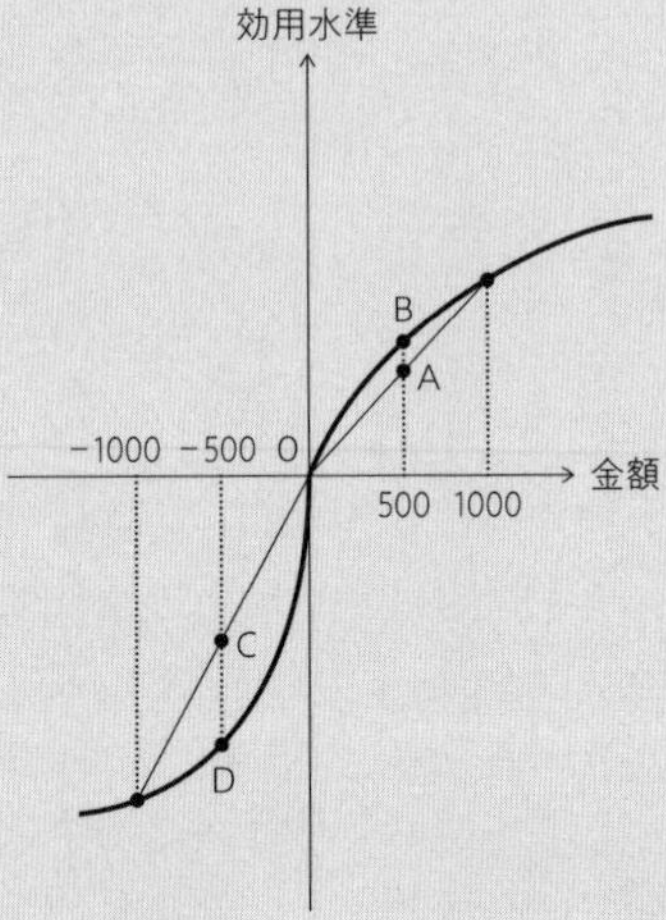

ることである。

図表3-4はこの特性を踏まえたうえでの価値関数を示している。本文中の図表3-1と共通している点は、基準となる参照点を中心に全体的に右上がりの線を描いており、参照点の右側である獲得局面に比べて、左側の損失局面のほうは全体的に傾きが急になっている。図表3-1と異なる点は線の形である。図表3-1では参照点の両側とも直線であったが、図表3-4では曲線になっている。参照点をゼロとして右側の横軸を獲得できるお金としよう。そうなると、参照点の左側はマイナスになるので、失うお金を意味する。縦軸を嬉しさの度合いを示す効用水準とする。

獲得局面では、お金がもらえるほど嬉しくて効用水準は高くなるが、その増加する程度は徐々に減少していることがわかる。曲線は左上の方向に向かって弓なりになって膨らんでいる。では、なぜこのような曲線だとリスク回避的というのであろうか。

人々は先ほどのくじの内容を聞いたときに、これはくじを引くと平均どれだけもらえるかを意味する「期待値」、1000×0.5＋0×0.5＝500を計算する。もちろん、実際にもらえるのは

1000円か、またはゼロである。期待値500円のときの効用水準は、ゼロのときの効用水準(原点)と1000円のときの効用水準をつなげた直線の真ん中の高さとなる(点A)。

その一方で、確実に500円もらえる場合の効用水準は点Bの高さになる。曲線が左上方向に向かって弓なりになっているので、点Bは点Aよりも高いことは一目瞭然である。したがって、獲得する局面ではくじを選ばず、確実に500円もらえる選択肢を選ぶようなリスク回避的な行動を取る。

参照点の左側、損失局面ではお金を失うほど悲しくなって効用水準は低下していくが、その低下の度合いは徐々に減少している。ここでは、曲線は右下方向に向かって膨らんでいることがわかる。では、この局面ではリスク愛好的になることを説明しよう。

支払うことに関するくじの内容から、先ほどと同じように期待値を計算する。それはマイナス500円であり、そのときのマイナスの効用水準は横軸から点Cまでの高さとなる。対照的に、確実に500円支払う場合の悲しく感じるマイナスの効用水準は横軸から点Dまでの高さとなる。明らかに横軸から点Dまでの距離のほうが長いので、確実に500円支払うほうがよりマイナスの効用を被ることがわかる。このような損失局面では、人々は確実に支払うことよりも、支払いがゼロの可能性があるくじを選ぶ。

以上、**獲得局面ではリスク回避的になり一か八かのくじではなく、確実に得をすることを選択するが、損失局面になるとリスク愛好的になり確実に損をするよりも、一か八か損しないことに望み**

をかけてくじを選ぶ。

プロゴルファーの研究で、バーディ・チャンスのパットは弱めに打つ傾向にあると説明した。バーディ・チャンスという獲得局面ではリスク回避的になり、その結果、プロゴルファーはより慎重にパットを打つと解釈できる。

ネジャット・アンバーシらの研究から、プロテニスプレイヤーのサーブのスピード、コート内の位置のデータから、プロテニスプレイヤーは損失局面である負けそうなとき、強くて速いサーブをサービス・ラインの近くに狙うことがわかった[12]。当然、そのようなサーブはサービスリターンがされにくいけれども、失敗しフォールトになりやすいので、リスクの高いプレーといえる。したがって、負けそうな局面にあるとプレイヤーはリスク愛好的なプレーを選択するといえる。

第4章

選手への報酬を増やせば勝てるのか？

——スポーツ・データから見る賃金インセンティブ

はじめに

本章では、読者が日々働き続けるなかで疑問に思うこと——給与、評価方法、職場での差別、転職——をスポーツ選手の世界に当てはめて考えていきたい。

右記のトピックは「労働経済学」という経済学の分野で主に扱われており、これまでさまざまな労働関係のデータを使って多くの研究が蓄積されている。そのなかでスポーツ選手のデータを使って検証した研究も多くある。[1] その理由の一つは、スポーツ選手の場合、彼らの働きぶり、すなわち生産性が可視化できるからである。

賃金水準はもちろん労働者の生産性によって決まるが、一般的な労働者の場合、その生産性は可視化されにくい。組織単位の業績は把握しやすいが、その組織内のメンバー一人ひとりがどれだけ貢献したかはわかりにくい。たとえば、営業部門が達成した年間契約数や売上は把握できるが、営業といえどもチームワークで仕事を進めるので、営業部員一人ひとりの貢献はわかりにくい。また個人が持っている技能は一つではなく、複数ある場合、どの技能が生産性に寄与し、そして賃金に反映したのかも研究者はデータからはわかりにくい。たとえば、研究部門のプレイング・マネージャーは研究力とマネジメントの技能が備わっているが、これらの技能が彼・彼女全体の生産性にどれくらいの割合で寄与しているのかを把握することは難しい。

それとは対照的に、スポーツ選手を対象としたデータは比較的そのような欠点がなく、選手一人ひとりの生産性を示す成績はすぐわかるし、どの技能が勝利に貢献していたのかもわかりやすい。プロ野球の野手なら、打率、打点、ホームラン数、盗塁、犠打数など選手の生産性を示す指標がこと細かく把握できる。プロバスケットボールのBリーグ（B. LEAGUE）[2]でプレイする選手でも、フィールドゴール成功数やスリーポイントシュート成功数を示す得点数、オフェンスとディフェンス両方のリバウンド数等のプレイヤーの成績を示す「スタッツ」がBリーグのサイトで閲覧できる。

ただ、成績やスタッツから生産性がわかったとしても、選手の報酬は日本スポーツ界の場合、正確にはわからない。日本プロ野球機構（NPB）やJリーグの選手の年俸は選手年鑑に記載されているが、これはあくまでもメディアによる取材から推定した数字なので、どこまで信用してよいのかわからない。海外では年俸を公表している競技もあり、日本人選手も多くプレイしているメジャーリーグ（MLB）では確定した全選手の年俸を1ドル単位まで公表している。[3]

ここでは、スポーツ・データのメリットを利用して、労働経済学で扱われているトピックである、報酬の決定、絶対評価と相対評価、マイノリティへの差別とその影響、金銭トレードとフリーエージェント制度による移籍の違いについて経済学の観点からどのように解釈するのか、そしてデータから何が読み取れるのかを紹介する。

選手のモチベーションを高めるような報酬の決め方とは？

本章の「はじめに」で述べたように、スポーツ・データの場合、選手のパフォーマンスが指標となって公表されるので、彼・彼女らの生産性は一目瞭然である。しかし、ファンがわかるのは、NPBの場合、野手の打率やホームラン数、投手の勝利数や防御率などであり、チームの勝利に貢献した細かいプレイまでは、よほどの玄人でないかぎり、把握することができない。野球はチーム・スポーツなので、全員が自分の成績のみに固執してバットを振り回したり、マウンドで独り相撲になったりしたのでは到底勝てない。打線をつなぐような細かいプレイ、走者の位置によって打球を変える巧みなバットコントロール、献身的なファーストベースへのカバー、相手チームの打者に応じた守備位置の移動などは勝利のために必要不可欠である。

このような細かい貢献も契約更改のときに評価されるべきであろう。そのときに大きな役割を果たすのがファンの目である。ファンが納得するような評価を選手にしないことには、マスコミを通じて球団に対する批判が湧き出てくるであろう。ファンあってのスポーツ経営なので、ジェネラル・マネージャー（GM）としてはファンの声を無視するわけにはいかない。

しかし、**報酬を決める権限のあるGMやプレイしている選手たちは、そのような細かいプレイの価値を共有していても、そのプレイによる貢献をGMは選手の報酬に反映させないことがある。これを「モラル・ハザード」と呼ぶ。**なぜGMはそうするかというと、価値ある細かいプレイをする選手の貢献を、評価する側であるファンが理解していないからである。すなわち、**GM・選手とファンの間にプレイの価値と選手の貢献度に関して「情報の非対称性」があるからだ。**

モラル・ハザードとは、自分の行動を相手が十分に把握できないとき、つまり情報の非対称性があるときに、自分にとって都合のよい行動をとることで全体的に望ましくない結果に陥ってしまう問題である（章末のコラム⑤も参照）。たとえば、部下は自分自身の働きぶりを、当然ながら、完全に把握することができるが、上司は部下の働きぶりを十分に把握できない。その状況では、部下は楽をしたいと思い、仕事をさぼることを選択するので、本来達成されるはずの成果が全体としては達成されないことになる。部下が獲得した契約件数で部下の成果を測ればよいのではないかと思われるかもしれないが、契約件数という成果が、本人の努力によるものか、それともたまたま経済状況がよかっただけなのかがなかなか区別できない。

野球のモラル・ハザードの場合、GMと選手の関係に第三者のファンが加わる。ファンが勝利に貢献する細かいプレイの価値を理解できないことをいいことに、GMはその貢献を見なかったものとして選手の年俸に反映させないのである。そうすることで、労働費用である総年俸を抑制しようとする。

そのような過小評価をGMがすると予想する選手はファンがわからないような、しかしチームの勝利に貢献する重要な細かいプレイをするインセンティブがなくなり、独りよがりな大雑把なプレイばかりが目立つようになる。そうなるとチーム力は低下し、なかなか勝てなくなるので、観客は球場から遠のき、グッズの売上収入や広告収入とも長期的には伸び悩んでしまうことになる。

企業における賃金決定に当てはめると、労働者による業務への成果を第三者が把握しにくい場合、企業は労働者の成果を正確に把握していたとしても正当に評価せず、そのぶん賃金を低く抑え、人件費を抑制しようとする。しかし、それでは労働者は努力しようとしなくなる。

この問題を解決する方法として、トーナメント方式の昇給制度がある。たとえば、上位5人を昇給させると、事前に明確に宣言してから、期末に労働者を成果の高い順に並べ、宣言どおりに上位5人を選ぶことである。そうすることで、第三者は後になって本当に5人が昇給したかを確認できるので、成果に対する報酬がルールどおりに実行されたかどうかが可視化され、労働者も疑心暗鬼にならず安心して働くことができる。また、企業にとって事前に人件費の総額を宣言したので、正当に評価しないようにするインセンティブは湧き出てこなくなる。**これは個人の成果の水準に応じ**

図表4-1　相対評価と絶対評価

	目標達成率（%）
A	94
B	105
C	90
D	108
E	99
F	102
G	93
H	89
I	96
J	91

絶対評価

	目標達成率（%）
D	108
B	105
F	102
E	99
I	96
A	94
G	93
J	91
C	90
H	89

相対評価

	目標達成率（%）
D	108
B	105
F	102
E	99
I	96
A	94
G	93
J	91
C	90
H	89

て給与を決める「絶対評価方法」とは異なり、成果に関係なくトップ5人を昇給させるので、「相対評価方法」といえる。

図表4-1は絶対評価方法と相対評価方法の違いを示している。絶対評価方法の場合、人数に関係なく、目標を達成した労働者のみ昇給できる。この場合、D、B、Fの3人だけが目標を達成できたので、この3人だけが昇給する。相対評価方法の場合、事前に10人中5人が昇給できると宣言したとすると、上からD、B、F、E、Iの5人が昇給できる。E、Iは目標に達していないが、上位5人に入るので昇給の対象となる。図表4-1では、目標を達成した労働者が3人と少なかったので、昇給できた人数は絶対評価方法よりも相対評価方法を採用した場合に多かったが、目標を達成した労働者が5人よりも多ければ、逆の結果になる。

スポーツ選手の場合でも、このような相対評価方法を導入できるだろうか。あらかじめ年俸の総額を決めておいて、評価が高い選手から低い選手まで支払う年俸をシーズンが開幕する前に公表しておくことで、事後になって本当にそのとおりに実行されたかが可視化しやすくなる。GMとしては、選手に支払う年俸の総額を抑制するために、ファンがわからないような細かいプレイを評価しないようにしていたのが、相対評価方法を採用することで、わざわざそんなことをする必要がなくなる。そうすると、GMはチームの勝利のために必要な細かいプレイも正当に評価するようになり、そのようなプレイに選手は徹するようになる。

このような相対評価を実際に導入するには、まだまだ乗り越えなければならないハードルがたくさんある。企業における相対評価の場合、労働者を成果の高い順に並べると述べたが、さまざまな業務に従事する労働者の成果を一次元的に並べることは結構難しい。すべての労働者が納得するような成果の順番を決めるルールを設けなければいけないが、そう簡単にはいかないことは想像にかたくない。スポーツ選手の場合も同様、いろいろなプレイがあり、選手は状況に応じて求められるプレイは変わり、ポジションによっても求められるプレイは異なる。ここでも、チーム内のすべての選手が納得したうえで、彼らに対する評価を高い順に一次元的に並べるのは難しいと思われる。野球の場合ではポジションごとに、たとえば野手と投手のようにグループ分けをしたら、各グループ内で必要なプレイの評価基準はほぼ同じなので相対評価しやすいかもしれない。

モラル・ハザードの原因としては、多くの一般のファンが目の肥えた一部のファンにしか理解できないようなプレイの価値を理解していないため、GMは人件費削減のためにそのプレイによる勝利への貢献を契約更改の際に考慮しないことであると述べた。しかし、最近、目の肥えたファンにしか理解できないようなプレイの価値や勝利への貢献度を可視化できるような指標が使われている。野球の場合、映画にもなった『マネー・ボール』から、選手のパフォーマンスを示す指標の一つして「出塁率」が注目された。出塁率はヒットやホームランだけでなく、四球や死球による出塁もカウントに入れた指標であり、チーム全体の出塁率が高いほどチームの勝率は高いことを示した[4]。さまざまな角度からデータを収集し、新たな指標を活用することで選手の細かい貢献度を可視化できるようになった。

差別はチームに悪影響をもたらすか?

賃金決定において、重要な研究テーマに賃金格差、とくに差別による格差がある。労働市場における差別は労働経済学のなかで大きなトピックの一つである。1992年にノーベル経済学賞を受賞したゲーリー・ベッカーが経済学的に差別を分析した研究書を上梓して以降、多くの研究業績が蓄積された[5]。労働者の賃金データを使った分析は数多くあるが、スポーツ・データを使ってマイノリティに対する差別があるのかを検証した論文も多い。本章の「はじめに」で述べたように各選手の生産性を示す成績やスタッツと年俸を含めたさまざまなデータが揃っているので、差別の有無が検証しやすい。選手の生産性を考慮したうえで、マイノリティの選手の年俸がマジョリティの選手のそれよりも平均的に低いかどうかで差別の存在を検証することができる。

差別といっても大きく分けて2種類の差別がある。一つ目は「嗜好による差別」であり、二つ目は「統計的差別」である。嗜好による差別ではマイノリティに対するネガティブな嗜好が彼・彼女らの賃金や採用を左右する。嗜好による差別はさらに三つのタイプに分かれている。一つ目が「企業（雇用主）による差別」、二つ目が「同僚による差別」、そして三つ目は「消費者による差別」である。

「企業による差別」は企業がマイノリティを採用するのを避けたり、採用しても生産性に見合った賃金を支払わなかったりすることである。**労働市場や商品・サービスの市場において他の企業との競争が激しい場合、マイノリティを差別する企業は競争に負けて退出を余儀なくされるため、このタイプの差別は長続きしない。**マイノリティだからといって賃金を低くすると、彼・彼女らは差別しない他の企業に転職してしまうので、退職の手続きに伴う余計な費用の負担がかかるし、またマジョリティの労働者だけを採用しようとすると、差別しない企業に比べて採用に時間がかかるので、新たに人を雇うための費用が高くなってしまう。それら余分にかかる費用が価格に反映されることになると、競争にさらされる市場では生き残ることはできない。

「同僚による差別」では、マジョリティがマイノリティと同じ職場で働くことを嫌がり、その埋め合わせとして高い賃金を要求する。それに応じてしまうと労働費用が増加し、企業の競争力が弱

まり市場から退出することにつながるので、このタイプの差別も長続きしない。企業側がとる解決方法は、わざわざ顔を合わせないように職場を別々にして、マジョリティとマイノリティの生産性が同じならば同じ賃金を支払うことである。しかし、職場を別々にすることで余分な費用がかかる。

「消費者による差別」とは、マイノリティが販売する商品やサービスを消費者が敬遠することである。同じ商品やサービスを販売していても売り手がマイノリティなら購入せず、マジョリティなら購入する。**この場合、扱っている商品やサービスの市場が競争的であっても、消費者の嗜好に依存するので差別は残ったままとなる。**性別役割分業による古い固定観念もまた消費者による差別につながる。パイロットは男性の仕事、客室乗務員は女性の仕事という固定観念を持つ乗客が女性パイロットによって操縦される飛行機に乗ったときに不安に感じたり、男性の客室乗務員から飲み物を受け取ったときに違和感を覚えたりするのも消費者による差別といえる。

では、スポーツの世界では右のような差別はあるのだろうか。プロ・リーグに関しては、一つ目の「企業による差別」はないと思われる。そもそもオーナーやGM、そして監督の好みに従って優秀なマイノリティの選手を排除し、限られたマジョリティの選手だけでチームを編成したところで強くなるはずがない。そんなチームでリーグ戦を戦ってもよい成績は残せないし、勝てないと勝つことを最重要課題とするファンは遠ざかってしまうだろう。2番目の「同僚による差別」もないと思われる。現にマイノリティとマジョリティで分けたチームやリーグは見当たらない。

チームが競争にさらされているなかで、「企業による差別」や「同僚による差別」をしている余地はない。勝利が最重要課題なので勝つためにはマイノリティ、マジョリティに関係なく、ベストな選手を起用する。しかし、3番目の「消費者による差別」はまだ残っていそうだ。消費者による差別がある場合、採用を担当するGMはチームの編成に頭を悩ますことになる。マイノリティでも優れた選手なら採用し、チーム力を高めたいが、マイノリティの選手が在籍することを嫌がる消費者、つまりファンはチームを応援しなくなり、観客収入やグッズ売上収入が減ってしまう可能性がある。「企業による差別」や「同僚による差別」と違って、リーグ内の競争が「消費者による差別」をなくしてくれそうにはない。

では、実際に「消費者による差別」があるのだろうか。有名な研究としてアメリカのベースボール・カードの取引価格から、マイノリティに対するファンによる差別があるのかを検証した研究がある。日本ではスナック菓子のおまけとして野球選手のカードが付いているが、アメリカではスナック菓子のおまけではなく単独で販売されていて、カードの収集家も数多くいる。カードは個別に包装されているので、購入時には誰のカードを引くのかわからない。したがって、欲しい選手のカードのときもあれば、そうではないときもある。そこで、収集家の間でカードの取引が行われるようになった。もちろん、みんなが欲しいカードの選手というのは4番バッターやエースのようなトップ選手であり、彼らのカードは高い価格で取引される。

ここで、ベースボール・カード収集家による選手への差別を測るために、同じレベルの成績を残しているマジョリティ選手とマイノリティの選手を比べて、取引されている彼らのカードの市場価格を比べる。もし選手の価値が成績だけによるものなら、マジョリティの選手とマイノリティの選手のカードの取引価格は、成績が同じであるかぎり、等しいはずだ。しかし、マイノリティの選手のカードの取引価格がマジョリティの選手のそれよりも低ければ、成績以外の何かによってマイノリティの選手の人気が下がっていることになる。その要因としてマイノリティの選手への差別があると解釈する。

最初にベースボール・カードに着目したクラーク・ナーディネリとカーティス・サイモンの研究を見てみよう。彼らの研究によると、取引されたカードの価格は選手の人種に依存していることから、消費者による差別はあると結論づけた。[6] ところが、ジョセフ・マクガリティらの研究では、カードの供給量を一定に保ち、そして投機的目的で購入しそうにないカードに限定したうえで、新たな手法を使って推定したところ、消費者による差別は見られないことを示した。[7]

カードの取引価格ではなく、直接ファンによる人気投票から差別を測る研究もある。筆者と共同研究者のプラモッド・サーは、インドのプロ・クリケット・リーグのデータから、ファンによる外国人選手への差別があるかを検証した。[8] クリケットは読者にとってあまり馴染みがないスポーツかもしれないが、サッカーに次いで競技人口が2番目に多い競技である。[9] このリーグはファン・サービスの一環として、毎試合前にどの選手を先発メンバーにするのかをチームのホームページを通じて、ファンが監督になった気分で選ぶことができる。投票結果が直接先発メンバーの決定に反映されることはなく、ファンは純粋に好き嫌いで選手を選んでいる。投票するファンの96%はインド人なので、同じスタッツの外国人選手とインド人選手を比べたとき、外国人選手に対する投票率がインド人選手のそれよりも低ければ、インド人ファンは外国人選手を差別していると解釈できる。

研究結果によると、外国人選手とインド人選手の投票率に統計的に有意な差はなかった。つまり、インド人ファンは外国人選手だからといって、投票しないという差別的な選択はしないことを意味する。ファンは選手のこれまでの成績をもとにベストな選手を選んでいることから、彼らにとって一番重要なのは自分が応援しているチームが勝つことなのだろう。

スポーツ界にもマイノリティへの偏見や差別は存在するか?

次に、嗜好による差別とは別の差別として先にあげた統計的差別について説明しよう。**これは採用される側(労働者)の情報を採用する側(企業)が完全に把握できていないとき、採用する側は採用される側が属するグループ(マイノリティ、女性、高齢者など)に関する思い込みを追加情報として加味し、採用するかどうかを決めることである。**そのときにグループに対して偏見——たとえば、女性はすぐに辞めてしまう——を持っていると、女性は採用されにくいし、採用されたとしてもすぐ辞めると思われてスキル・アップのための職業訓練の機会を与えてもらえなくなる。

プロ・スポーツの世界でも統計的差別があるのだろうか。採用担当であるGMは高校・大学時代のパフォーマンスをもとにドラフト候補選手を指名する。しかし、過去のパフォーマンスや記録だけでは、指名する選手が今後チームのために貢献してくれるのか、それとも不真面目で熱心に練習せず、結局、芽が出ないままチームを去ってしまうことになるのかがわからない。

そこで、そのドラフト候補選手が属しているグループに対する思い込みも追加情報として使う。たとえば、採用担当であるGMが「アフリカ系アメリカ人の選手は入団後真面目に練習しない」という偏見を持っているとしよう。そうすると、高校・大学時代のスタッツの成績が同じ白人の選手とアフリカ系の選手の候補がいる場合、GMは白人の選手をドラフト上位で指名し、反対にアフリカ系の選手はドラフト下位で指名する。

統計的差別の面倒な点は、差別が自己実現的に長く続くことである。白人選手、アフリカ系選手両者の入団後、GMやヘッド・コーチは「アフリカ系の選手は入団後真面目に練習しない」という偏見のもと、アフリカ系の選手に対してわざわざ熱心に指導することはしなくなる。その結果、アフリカ系の選手は「自分は期待されていない」と思い、やる気が失せ、真面目に練習しなくなる。その様子を見たGMやヘッド・コーチは「それ見ろ」とばかりに自分たちの考えが正しいと再認識し、「アフリカ系の選手は入団後真面目に練習しない」という偏見を強化していく。そして、やる気が失せ、不真面目とレッテルを貼られたアフリカ系の選手は契約更改されずに早々とチームを去ることになる。このようにGMやヘッド・コーチの偏見はますます偏ることになり、次回のドラフト会議でもそのような偏見のもと、選手を指名していく。

では、実際にこのような統計的差別はあるのだろうか。ピーター・グルートイスとリカード・ヒルの研究による全米プロバスケットボール（ＮＢＡ）選手のデータを使った研究によると、ＮＢＡから退出する確率、すなわち選手キャリアを終える確率は白人、アフリカ系の選手を含めた非白人とも変わらなかったと報告している。[10] アフリカ系だからといって、キャリアが短いというわけではなさそうだ。ということは、ＮＢＡのチームはアフリカ系の選手に対する先ほどのような偏見を持っていないことを示唆しているので、アフリカ系の選手だからといってドラフトで指名しなかったり、指名しても下位指名にしたりすることはないと予想される。[11]

なぜ選手の自由な移籍を阻むのか？

プロ・リーグや実業団リーグで活躍するスポーツ選手の場合、自分の意思でチームを移籍することは一般的にできない。ジャイアンツの選手が「来シーズンからタイガースでプレイします」ということは、両チームが了承しないかぎり無理である。職業選択の自由があり、自由に転職できる一般的な労働者の労働契約とは大きく異なる。選手が他のチームに移籍したければ、移籍するチームから移籍元のチームに対して金銭的補償を支払うか（金銭トレード）、選手同士を交換するか（交換トレード）、または決められた年数を在籍すれば自由にチームを移籍できる権利であるフリーエージェント権（ＦＡ権）の資格を得るかのいずれかである。[12] そのほかにメジャーリーグに移籍する場合は、ポスティング制度（入札制度）を採用する日本球団もある。

では、なぜチームは選手の自由な移籍を阻むのであろうか。**その大きな理由としては、選手育成のために費やした金銭的・時間的投資のぶんを少なくとも回収するまでは、移籍してもらっては困るからである。**[13] チームは一人前になった選手に活躍に見合った年俸よりも低い年俸を支払うことで、投資したぶんを回収しようとする。そうすると、低い年俸に不満を持つ選手は自分の活躍に100%見合った年俸を支払ってくれるチームに移籍しようとする。しかも、複数のチームが戦うプロ・リーグの場合、選手育成時に得た技能というのは他のチームでも転用可能な一般的技能である。したがって、選手にとって移籍する際に新たな技能を習得する必要がないので、なおさら選手にとって移籍をしたいというインセンティブは高まる。

一般的な労働者のように自由に移籍ができるようになれば、チームは選手育成に力を注がなくなる。そうなると未熟な選手しかいないリーグ戦となり、ファンは離れてしまう。つねにレベルの高い試合を展開できるようにするためには、選手を育成しなければいけないし、そのためには育成したのに他のチームに移籍することがないよう制限を設ける必要がある。

では、移籍を制限することで選手が被るデメリットは何であろうか。**移籍できないとなると、雇い主は現在所属しているチームだけとなり、所属チームは選手たちの労働に対して独占できる状態になる（買い手独占）。移籍できない選手は所属チームに対する交渉力が弱まるので、年俸が低く抑えられたり、待遇が悪かったりする。**ジェラルド・スカリーの研究によると、1987年のシーズンと少し古いが、メジャーリーグのスター選手の年俸は彼らの活躍に見合った本来もらえるべき金額の29％から45％しかもらっていなかったと報告した。かなり買い叩かれていたことがわかる。[14]

日本のプロや実業団スポーツ界でも、移籍制限が選手の年俸や待遇を悪化させている可能性は十分に考えられる。チームによる選手の囲い込みは独占禁止法違反に該当するのではないかという声が徐々に高まっている。独占禁止法の規制を取り締まる機関である公正取引委員会は、働き方改革による多様な働き方が推進されるなか、人材と競争政策に関する検討会を開催し、2018年2月に報告書をまとめた。[15]

そして、公正取引委員会は2019年6月にスポーツ団体が設けている移籍制限ルールが、独占禁止法の違反に該当するかどうかを線引きする基準を提示した。[16] 以前のラグビー・トップリーグでは、元の所属チームから選手移籍承諾書を発行してもらわなければ、選手が新たなチームに移籍したとしても1年間試合に出場できなかった。そのルールは2018年に撤廃され、今では承諾書がなくてもすぐに試合に出られるようになった。[17]

日本実業団陸上競技連合も選手が移籍しやすいようにルールを改定した。以前は元の所属チームから退部証明書を発行してもらい、円満に退部した選手だけが新チームで選手登録ができることになっていた。選手登録ができないと、連合が主催する試合に出場できないことになっている。しかし、この円満退部していないと登録できないという条項が、独占禁止法違反になるおそれがあることから、連合はその条項を撤廃した。新しい運用は2020年4月から始まった。[18]

金銭トレードとフリーエージェント制度
——どちらがスポーツ界にとってよいことなのか？

選手の移籍制度として、金銭的補償が伴う金銭トレードと選手の意思で移籍できるFA制度、どちらの制度がスポーツ界にとって好ましいのだろうか。**その答えは、どちらの移籍方法を選択しても、選手はリーグ全体にとって最適なチームに移籍することになるので、スポーツ界にとってどちらの制度でも同じくらい好ましいことになる。**すなわち、**選手の最適な配置は移籍方法に依存しないということである。**ただ、**違いは移籍に伴って誰が儲かるかである。**

では、具体的に説明しよう。まず金銭トレードの場合から始める。図表4－2は金銭トレード前後で移籍に関与する2チーム、移籍対象選手、そしてリーグ全体が得る金銭的価値を示した表である。

もともとチームAに所属していた当該選手は、勝利への貢献、ファン獲得、グッズの売上収入を含めて5000万円分の金銭的

図表4－2　金銭トレードによってもたらされる金銭的価値

トレード前		トレード後	
チームA	3000万円 （5000万円－2000万円）	チームA	4000万円
チームB	0円	チームB	4000万円（1億円－4000万円－2000万円）
選手	2000万円	選手	2000万円
リーグ全体	5000万円	リーグ全体	1億円

価値をチームにもたらしていたとしよう。チームAはその選手に年俸2000万円を支払っていたとする。したがって、チームAがその選手と契約することで得られる利益は3000万円となる。リーグ全体としては5000万円の金銭的価値を生み出し、チームAと当該選手とで山分けしていることになる。

次に、金銭トレードで対象選手がチームBに移籍することになったとしよう。チームBはマーケット規模が大きい大都市を本拠地とするチームなので、彼は以前よりもグッズ販売や観客動員の増加に貢献することができた。そこで、彼がチームBにもたらす金銭的価値は1億円になるとしよう。チームBはチームAに移籍金4000万円を支払うことを約束し、移籍する当該選手の年俸を2000万円のままに据え置くことにすると、チームAの利益は4000万円、チームBの利益は4000万円、そして当該選手の利益は2000万円となる。チームAの利益は3000万円から4000万円に増えたので、この金銭トレードを喜んで承諾する。

当該選手が移籍することでリーグ全体にもたらす金銭的価値が1億円となり、トレード前の5000万円よりもさらに5000万円増えたことになる。この増えた5000万円をチームAとBで山分けをしている。チームAは3000万円から4000万円と1000万円増え、チームBは0円から4000万円に増えたので、増えた5000万円の山分けの配分はチームAが1000万円、チームBが4000万円となる。金銭トレードによってチームA、Bとも得するので、このトレードは実施され、当該選手は最終的にチームBに所属することになる。

図表 4-3　FA 制度によってもたらされる金銭的価値

トレード前		トレード後	
チーム A	3000 万円 (5000 万円－2000 万円)	チーム A	0 円
チーム B	0 円	チーム B	4000 万円 (1 億円－6000 万円)
選手	2000 万円	選手	6000 万円
リーグ全体	5000 万円	リーグ全体	1 億円

同様にＦＡ制度の場合を考えよう。図表４‐３はＦＡ制度によってリーグ全体が得る金銭的価値を示す表である。

まず、ＦＡ前は金銭トレード前と同じで、当該選手がチームＡに所属することでリーグ全体に５０００万円の価値を生み、その５０００万円をチームＡと当該選手とで山分けする。

ＦＡ制度では移籍先チームが直接対象選手に接触することができる。この場合、チームＢが当該選手に６０００万円の年俸を提示したとしよう。もちろん、当該選手は年俸が3倍になるので快諾してチームＢに移籍する。その結果、チームＡは３０００万円から０円に減るが、チームＢは０円から４０００万円に、そして選手は２０００万円から６０００万円に増える。つまり、移籍によって増えた追加分の価値５０００万円の山分けの配分は、チームＡがマイナス３０００万円、チームＢがプラス４０００万円、選手がプラス４０００万円となる。当該選手の移籍によってリーグ全体にもたらされる価値は1億円になったので、移籍したほうがリーグ全体にとって好ましい[19]。

チームＡはＦＡ後に利益がゼロになるので、ＦＡ制度は好まな

図表 4 - 4　平均年俸の推移

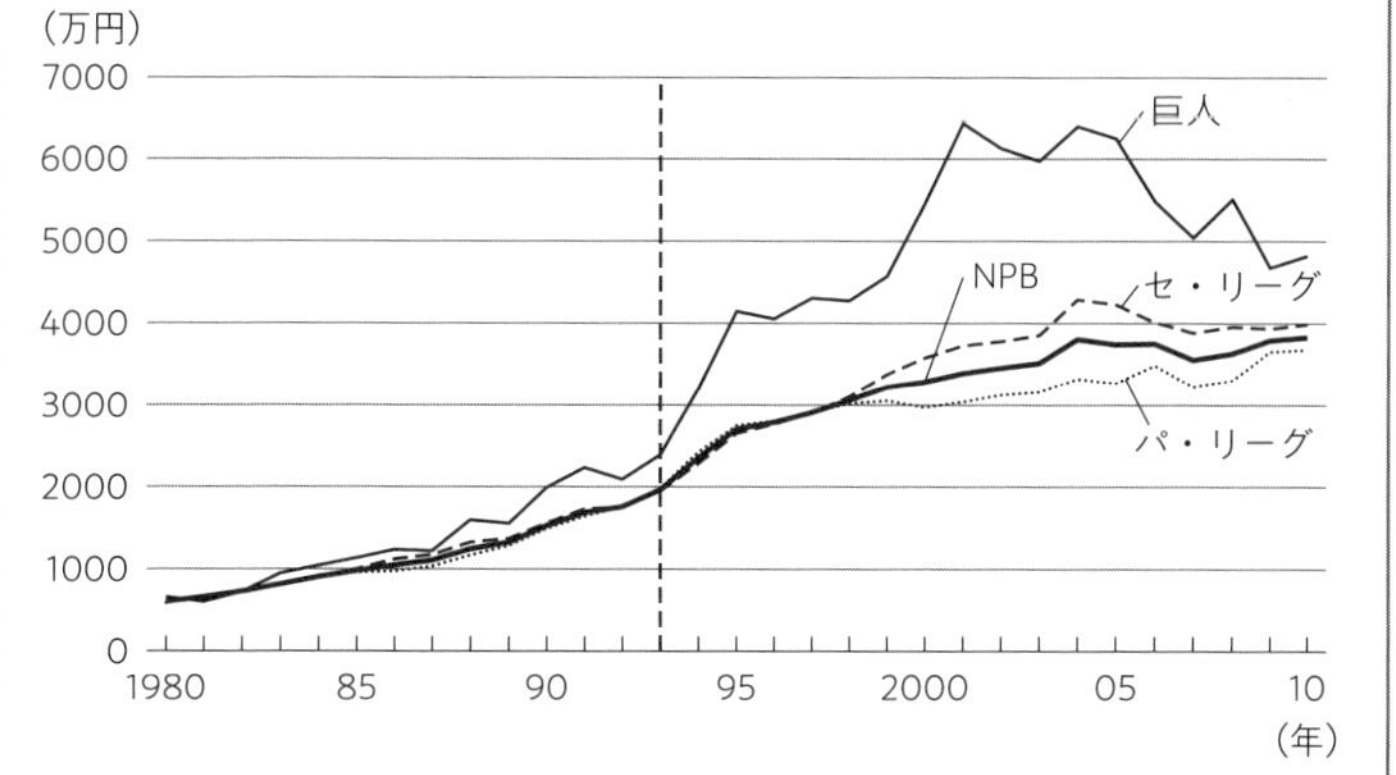

（出所）日本プロ野球選手会ウェブサイトのデータをもとに筆者作成。

いし、導入に反対するだろう。したがって、本拠地のマーケット規模が小さくて、同じ選手でも生み出す金銭的価値が低い地方チームは、FA制度よりも金銭トレードを好むだろう。

いずれの移籍方法でもリーグ全体にとって選手はチームBに在籍したほうが好ましく、そのような結果に落ち着く。ただ、生み出された価値をどのように山分けされるかが異なる。選手の金銭的価値が高くなるのはマーケット規模が大きい地域であり、そのような地域を本拠地とするチームは資金が豊富にある。結局、いずれの移籍方法を採用しても、資金が豊かなチームに選手は集中することになる。そのようなチームは金銭トレードでは移籍前に所属していたチームに多くの移籍金を払い、FA制度では移籍選手に多く年俸を支払う。

図表４－４はプロ野球選手の平均年俸の推移を示す。日本にＦＡ制度が導入された１９９３年のオフ

の直後、セ・リーグ、パ・リーグ、そして2リーグ合わせたNPBの平均年俸は、物価の変動を考慮していないが、増加傾向にある。とくに、東京のようなマーケット規模が大きい都市部を本拠地とし、移籍してくる選手が多い読売巨人軍ジャイアンツでは、平均年俸がFA制度を導入した1993年から1995年の2年間で急激に増加している。

おわりに

本章では、われわれが日常働いているなかで直面する問題——賃金の決め方、業績評価方法、職場での差別、転職——をスポーツ選手の世界に置き換えて説明してきた。**本章の重要なキーワードとして、「競争的な市場」と「完全情報」があげられる。**

チーム同士が優勝をめざし競争しているのに、人材を差別して選り好みしていては勝てないので、嗜好による差別のなかでも「企業による差別」や「同僚による差別」は競争的な市場の力によって抑えられる。また消費者であるファンの目的が、チームのメンバーが誰であろうと勝つことであるなら、消費者（ファン）による差別も抑制される。**競争的市場社会は差別を抑え込むことができる。**

二つ目のキーワードは完全情報であり、当事者間での情報共有である。選手が見せるプレイの価値を、選手の価値を決めるファンと共有しているのなら、選手の年俸を決めるGMがモラル・ハザードな行動——ここでは、プレイの価値よりも低い年俸を提示すること——を選ぶインセンティブを持たない。また、ドラフト候補選手の能力や競技に対する姿勢を採用するGMがしっかりと把握できるのなら、ドラフト候補選手が属するグループに対する思い込みや偏見を追加情報として選考の際に使う必要はないので、統計的差別は抑制される。金銭トレードとFA制度による金銭的価値の配分について説明したところでも、前提条件として完全情報と選手が移籍することで発生する余計な費用（取引費用）はなしとしていた。つまり、図表4－2、4－3の内容をチームA、B、そして選手が事前に共有していること意味する。**完全情報、そして情報の共有は差別を抑えることになるし、無駄のない効率的な労働契約と人材配置を労働市場にもたらす。**

スポーツ選手を対象にしてきたが、われわれ一般労働者にも同じことがいえる。**働く労働市場が競争的であるほど、企業から女性、高齢者、マイノリティだからといって差別されることはなくなるだろう。自分の能力、働く姿勢、そして業績や成果が可視化されるのなら、企業によって過小に評価されるといったモラル・ハザードによる被害を受けないであろうし、統計的な差別も受けないだろう。**

スポーツ選手もまた一般労働者である。

コラム⑤　モラル・ハザードと、逆選択（アドバース・セレクション）

本文で説明したように、経済学の教科書にある典型的なモラル・ハザード問題というのは、上司

（プリンシパル）が営業の外回りをする部下（エージェント）の働きぶりを完全に把握できない状況（情報の非対称性）において、足を棒にして外回りをするのがしんどいと思う部下はサボることを選択する。契約が取れなかったのは部下がサボったからなのか、それとも他の要因があるからなのかが上司にはわからない。部下はサボるという行動を選択するので、モラル・ハザードの問題は別名「隠された行動（hidden action）」の問題と呼ばれる。

モラル・ハザードのほかに、情報の非対称性から生じる経済取引の問題として「逆選択（アドバース・セレクション）」がある。モラル・ハザードでは、自分が選択した行動を相手が完全に把握することができないことが問題の源泉であったが、逆選択では自分の生まれ持った「特性」について相手が完全に把握することができないことが問題の源泉である。特性は自分で変えることができないので、自分で行動を選択できるモラル・ハザードの状況とは異なる。相手が自分の特性を観察できないので、逆選択の問題は別名「隠された情報（hidden information）」の問題と呼ばれる。

例としては、生命保険会社が提供する医療保険を考えよう。生命保険の販売員としては、病弱な人には保険料を高く、元気な人には保険料を安くしたいと考える。しかし、残念なことに、この販売員は病弱の人と元気な人の全体の割合（分布）は知っているが、各個人の健康状態までは知ることができない。つまり、販売員は各個人の「健康状態」という特性を観察できないということだ。運動をすれば健康状態は改善するので、健康状態は自分で選べると考えられるが、ここではひとまず持って生まれた特性としよう。

では、この販売員は医療保険料をどのように設定するだろうか。潜在的な契約者の健康状態の全体像しかわからないので、まずは高くもなく、低くもなく、平均的な健康状態にある人を念頭に置いた真ん中くらいの保険料を一律全員に適用することにしよう。このような料金設定の場合、誰が医療保険に加入するであろうか。

病弱な人にとって、自分の健康状態を鑑みたら保険料は本来もっと高いはずなのに、この販売員が提示した保険料は安いので躊躇することなく加入する。その一方で、元気な人にとって、本来なら保険料はもっと安いはずなのに、この保険料は高すぎると感じ、加入しないことを選択する。真ん中くらいの保険料を一律全員に適用すると、この保険料を安いと感じる、病弱な人しか加入しなくなる。その結果、病弱な人しかいない加入者に保険金を支払うことが多くなる生命保険会社は儲からないと判断し、医療保険の市場から撤退することになる。

このままでは、最終的に医療保険市場が成り立たなくなってしまう。しかし、病気や怪我によるリスクに対応できるセーフティネットの構築は、人々の安全・安心な生活を確保するうえで非常に重要だ。そこで、国が主導して国民皆保険制度が創設された。このように情報の非対称性があることで社会にとって最適な状況が歪められている場合、その歪みを修正するために政府の関与は正当化される。

第5章

多様な人材がチームを強くするか？

――ダイバーシティと勝利の方程式

はじめに

2019年、日本がホスト国として開催したラグビー・ワールドカップにおいて日本代表は初のベスト8に進出し、「にわかファン」も含めて日本中が大いに盛り上がった。ご存知のとおり代表選手は日本人だけでなく、多くの外国人選手が桜のジャージに袖を通しチーム一丸となってプレイをしていた[1]。それに加えて日本代表のヘッド・コーチもまたニュージーランド出身の外国人（ジェイミー・ジョセフ）であった。体格で劣る日本人選手だけではワールドカップ常連の強豪国に勝てないので、よりパワーのある外国人選手を代表に招集する戦略を採用した。日本人だけに限定しな

ラグビー・ワールドカップ・ベスト８進出を決め，記念撮影する日本代表選手ら（2019 年。写真：時事）

いで、外国人も含めたより多様な人材を登用することでチーム力が引き上げられたといえる。

　しかし、このような選手の「ダイバーシティ」（多様性）にはデメリットもある。まず考えられるのが、使用言語が異なるのでコミュニケーションが図られにくいということである。ラグビーのような連携プレイが重要な競技では、チーム内の意思疎通を徹底しなければならない。選手が使う言語が異なるとプレイ中のミスが多くなりそうだ。その対策として、２０１９年のラグビー日本代表は豊富な練習量と「ワンチーム」（One Team）というスローガンをチーム内で共有することで、ダイバーシティのデメリットを克服し、決勝トーナメント進出を果たした。

　そのほかに外国人選手を多く登用しているのがプロ・バスケットボールのＢリーグ（B.LEAGUE）である。競技規定として、外国籍の選手は３人まで（ただし帰化選手１人、または「アジア特別枠」に該当する選手１人までを追加することが可能）をリーグに登録できることになっている。[2] コートに５人しかいないことを考慮すれば、外国人の比率が他のスポーツ競技に比べて高いといえる。ヘッド・コーチやスタッフが外国籍であるチームも多い。このようなダイバーシティのあるチーム構成の場合、先ほどのラグビー日本代表と同様に、選手間のコミュニケーションが円滑に進まないと連携ミスにつながる可能性がある。その一方で、背の高い外国人選手をパワーフォワードやセンター、そして比較的俊敏な日本人選手をポイントガードと適材適所に選手を配置することで、チーム全体のパフォーマンスを高めることができ、コミュニケーションが機能しにくいデメリットを相殺することが期待される。

本章では、ダイバーシティの捉え方やメリット・デメリットを明確にしたうえで、組織のパフォーマンスに与える影響を紹介する。経営学の一分野である組織行動論や人的資源管理論でも盛んに研究が進んでいる分野であり、企業という組織だけではなく、スポーツ・チームの組織のパフォーマンスにも着目し、ダイバーシティの効果に関して一致する点、相違する点を整理したい。また、ダイバーシティといえば組織のなかに特性が異なる複数の個人がいる形態と捉えがちだが、もっと解釈を広げれば、一個人が複数の技能を有してマルチタスクを遂行できることも個人内のダイバーシティといえる。最後に、個人間と個人内の2種類のダイバーシティの関連性について述べる。

ダイバーシティとは

まず、「ダイバーシティ」とは何を意味するのかをまとめておきたい。ダイバーシティとは組織を構成するメンバーの特性が多様であることを意味する。特性はさまざまな角度から分けられるが、大きく分けて二つの分け方がある。一つ目は、性別、民族、年齢など表層的で外見から識別可能な特性で分ける方法であり、これは「デモグラフィー型」のダイバーシティといわれる。二つ目は職務経験、教育年数、キャリア形成、技能レベルなど業務を遂行するうえで必要な技能や能力で分ける方法である。これはデモグラフィー型に対して「タスク型」のダイバーシティという。各職務（タスク）に適材を配置し、多様性に富んだタスクを得意とする各人材が相互作用することでシナジー効果を生み、組織全体にプラスの結果をもたらす。これら二つの分け方以外にも個性や価値観などの深層的で内面的な特性も含めたうえで分けるアプローチもある。[3]

前述のラグビー日本代表やBリーグのチームでは日本人選手と外国人選手で構成されているのでデモグラフィー型ダイバーシティのチームといえるし、またポジション別に求められる技能レベルに応じて適材適所の人材配置をして、各ポジションを担う選手同士の相互作用によってチームの勝利に向かっていることから、タスク型ダイバーシティのチームとも解釈できる。先ほど述べたように、バスケットボールの場合、背の高い外国人選手をパワーフォワードやセンター、そして俊敏な日本人選手をポイントガードと適材を適所に配置することがタスク型ダイバーシティといえる。反対に、野球において4番バッター級の強打者を1番から9番まで揃えるのは、タスク型ダイバーシティとはいえない。

そもそもダイバーシティは、1970年代まで女性やマイノリティの地位向上と格差是正を目的とした社会運動を意味していた。したがって、当初はデモグラフィー型のダイバーシティに焦点が当てられていたが、その後、従業員のダイバーシティと企業の生産性やイノベーションとの関係に関心が移り、タスク型ダイバーシティを含めて最適な従業員の構成や組織のあり方、そして多様な人材のシナジー効果がもたらすイノベーションへと注目が移っていった。

従業員の人材配置によるダイバーシティが企業のパフォーマンスに与える影響に関する研究は実は膨大にある。膨大な研究をまとめて総合的に分析したり、比較したりする統計的な方法であるメタ分析（章末のコラム⑥参照）を用いた研究によると、**デモグラフィー型のダイバーシティが企業のパフォーマンスに与える影響は一貫していないが、反対にタスク型ダイバーシティは企業のパフォーマンスを高めることがわかっている。**[4] 当たり前かもしれないが、求められる技能が異なる業務ごとに最適な人材を配置し、多様なスキルを持った人材が集まって協働すれば新たなシナジー効果が生まれ、それが企業全体の業績向上につながることは容易に理解できる。

ただ、デモグラフィー型ダイバーシティとタスク型ダイバーシティは相反するものではなく、お互いに関連していることに留意したい。**企業は各タスクを単独として見るのではなく、他のタスクとのシナジー効果を最大限に発揮するために、適所に適材を配置しようとする。そうすると、企業は適材として相応しい人材を探すために、自然と候補者の範囲が女性やマイノリティにまで広がり、さまざまなデモグラフィーの特性を持った優秀な人材を集めることになる。**

企業のパフォーマンスの度合いを示す指標はさまざまあるが、ダイバーシティの研究では一般的に組織全体の売上、自己資本利益率（ＲＯＥ）や純資産利益率（ＲＯＡ）などの定量的な指標や企業の柔軟性、創造性、ガバナンスの程度を示す質的な指標が包括的に使われている。

ダイバーシティのメリットとデメリット

次に、ダイバーシティが組織の生産性に与える影響について、マイナスの効果をもたらすと論じる理論と、プラスの効果をもたらすと論じる理論に分けて紹介したうえで、ダイバーシティのメリットとデメリットを解説しよう。

まずはダイバーシティがマイナスの影響をもたらすと論じる理論として、「社会的アイデンティティ理論」がある。これは社会心理学者のヘンリ・タジフェルとジョン・ターナーによって考案された理論で、自分が社会においてどのグループに属するのか、そして自分がどの階層に該当するのかを認識することで、社会における自分のアイデンティティを確立し、自分と同じグループや階層に所属している人とそうではない人を区別する。[5]

自分が所属するグループをイン・グループ（in-group）、所属しないグループをアウト・グループ（out-group）と区別し、自分と同じグループに属する人は同じ特性や属性を共有する人として同一化するが、アウト・グループに属する人を異質なものとみなす。基本的に人間は自分を高く評価したがる傾向にあり、自分とよく似た特性を持つ人に接することで、自分が持つその特性を肯定的に捉えて、その人に対して親近感を覚えるようになる。[6] そうなると、イン・グループの人を優遇するが、アウト・グループの人は冷遇するようになる。

自分が日本人グループに所属していると認識することで、日本人というアイデンティティを持ち、海外の留学先ではとくに日本人学生に親近感を持ち、せっかく海外の異文化を体験しようと留学したのに、日本人同士でつるんでしまうことになる。ラグビーであれば、バックスのグループに所属しているので、自分はバックスの選手というアイデンティティを確立し、バックスのメンバーほどフォワードに属するメンバーに対して親近感を持たなくなってしまう。その結果、フォワードとバックスの連携がぎくしゃくしたものになってしまう。

本来なら各グループ・メンバーの特性を知り尽くすよう努力すべきであるが、そこまですることには認知的に限界があるので、仕方なく表層的な属性から安易にメンバーの特性を判断することになる。しかも、無意識に自分にとって都合のよい情報だけを選んでしまい、思い込みで判断する傾向にある。[7] これを「認知バイアス」という。

認知バイアスがあるなかでは、ダイバーシティ実現のために安易に多様な人材を組織に加えても、表層的な属性からイン・グループとアウト・グループに分かれてしまう。そして、自分と同じ属性の人（イン・グループ・メンバー）とは協力的に業務を遂行したり、プレイをしたりすることができるが、そうではない人（アウト・グループ・メンバー）とはそれほど協力的になれない。そうなると多様なメンバーが集まってもポジティブな感情が生まれにくく、メンバー同士の連携も十分に機能しなくなり、組織全体の生産性が低下することになる。日本人だけのグループに安易に外国人を加入させても、「日本人グループ」と「外国人グループ」が形成されてしまい、ぎくしゃくした間柄になってしまうことになる。

では、次にダイバーシティがプラスの影響をもたらすとする考え方を見てみよう。ダイバーシティにより多様な人材が多いほど多くのアイデアが生まれ、いろいろな情報が集約されるので、業務の遂行やプレイの選択に対してさまざまな視点を提供することができ、選択肢の幅が広がることから最適な戦略を採用できるようになる。そして、それがチーム全体のパフォーマンスを高めることにつながる。[8]

また、異なったアイデア同士が交わることで、これまでになかった新たなアイデアが生まれ、イノベーションをもたらす可能性も十分にある。反対に、イン・グループ内の同質的な人材の集まりなら、湧き出てくるアイデアの数は少ないし、知っている情報も似たり寄ったりで戦略の幅が狭くなってしまう。

しかし、ただ多種多様なアイデアを組み合わせればイノベーションが生まれるというわけではない。リー・フレミングの研究によると、特性があまりにも違う者同士の組み合わせがもたらすイノベーションの効果はブレが大きいと報告した。[9] すなわち、当たればブレイクスルーをもたらす革新的なイノベーションとなるが、その反面失敗も数多いことを意味する。できるだけ失敗を減らす方法として、特性が異なったとしても各分野の精鋭を集めて交流させることが重要だという。自分の分野にどっぷり特化した専門家であるほど、他の分野との協働を敬遠しがちであるが、そのほうが失敗する確率が低下する。ここでも適材適所を前提としたダイバーシティが重要であることを示唆している。あとは彼らが交流し、シナジー効果を発揮する環境を作ることが肝要である。

ダイバーシティはスポーツ・チームのパフォーマンスを引き上げるか？

スポーツ・チームも企業と同様に、選手によって構成された組織が結束して一つの目標（すなわち勝利）に向かって行動する。選手の個々の技能を与件として、組織体であるチームのパフォーマンスを最大限に引き出すためにどのように選手を選び、配置するかはチームの監督やヘッド・コーチにとって最大の悩みどころである。実は企業のダイバーシティとそのパフォーマンスの関係に関する研究と同じくらいに、スポーツ・チーム内のダイバーシティとチームのパフォーマンスの関係を検証した研究は数多くある。ここでは、これまで蓄積されてきた研究をまとめたウージュン・リーとジョージ・カニングハムのメタ分析の研究結果を紹介する。[10]

彼らはプロ・スポーツから大学スポーツ、バスケットボール、野球から陸上競技、そしてアメリカ、カナダから日本まで、さまざまなスポーツ組織を研究対象にした19の研究論文を集めて、チーム内のダイバーシティがチームのパフォーマンスに与える効果を包括的に分析した。ここで示す「チーム内」というのは、プレイする選手だけでなく、監督やヘッド・コーチなどの指導スタッフ

図表5-1　ダイバーシティがスポーツ・チームに与える影響

○ダイバーシティ		○対象者	
(1)　表層的レベル	+	選手	
年齢		スタッフ・コーチ	+
国籍	−	○スポーツ組織	
人種	+	大学スポーツ	+
性別	+	プロ・スポーツ	
(2)　深層的レベル	+	市民スポーツ	+
価値観		○パフォーマンス	
性的指向		チーム運営	+
所属期間と役割	+	感情的・心理的なアウトカム	+
		勝利に関するアウトカム	

（出所）　Lee and Cunningham (2019) のTable 2の一部を抜粋。+（−）は5%以下で統計的にプラス（マイナス）に有意であることを意味する。

も含む。そして「チームのパフォーマンス」とは、チームの勝率やプレーオフ進出など勝利に関係するアウトカムだけでなく、収入やファンの獲得などの効果的なチーム運営や、チームの団結度合いを表すような感情的・心理的なアウトカムも含む。全体の結果を図表5-1にまとめている。

まずは表層的レベル、すなわちデモグラフィー型のダイバーシティの効果から見てみよう。全体的に人種や性別のダイバーシティはチームのパフォーマンスを統計的に有意に高めるが、その反対に国籍のダイバーシティはチームのパフォーマンスを有意に下げる結果となった。ただ、その効果そのものはそれほど大きいわけではなかった。

タスク型ダイバーシティに関しては、深層的レベルの「所属期間と役割」がそれに該当するであろう。新人から中堅、ベテランまでチーム所属期間が異なる選手が在籍するチームのダイバーシティや、各自

異なる技能を備えた選手で構成されているチームのダイバーシティは、統計的に有意にチームのパフォーマンスを高める効果がある結果となった。その他の深層的レベルのダイバーシティとして選手間の価値観の多様性があるが、それはチームのパフォーマンスにそれほど影響はなかった。

総じて、デモグラフィー型とタスク型両方を含めた表層的と深層的全体のダイバーシティは、チームのパフォーマンスを高める結果となった。国籍によるダイバーシティの効果がマイナスなのは、社会的アイデンティティ理論に基づくイン・グループへの優遇、アウト・グループへの冷遇だけでなく、単に母国語の違いによるコミュニケーション不足から生じるものかもしれない。

選手間のダイバーシティと監督、ヘッド・コーチなどのスタッフ間のダイバーシティに分けてみると、選手間よりもスタッフ間のダイバーシティのほうがチームのパフォーマンスにとって重要という結果となった。チーム・スタッフの仕事は多種多様であり、それぞれの仕事に専門性がある。選手の動きや相手チームのデータを収集し分析するスタッフ、試合をコーディネイトするマネージャー、各ポジションのコーチ、選手の栄養を管理する管理栄養士、そして全体をまとめる監督やヘッド・コーチが一致団結しないとチームの力は発揮できない。先ほど性別や人種のダイバーシティがチームのパフォーマンスにプラスの効果があると紹介したが、チームが認知バイアスにとらわれずに、男性、女性、マジョリティ、マイノリティすべてのなかから能力に応じて効率的に最適な人材を登用したことで、チーム全体のパフォーマンスが向上したと考えられる。

選手やスタッフを含めた全体のダイバーシティがチームのパフォーマンスに与えるプラスの効果

図表5-2　ダイバーシティとインクルージョン

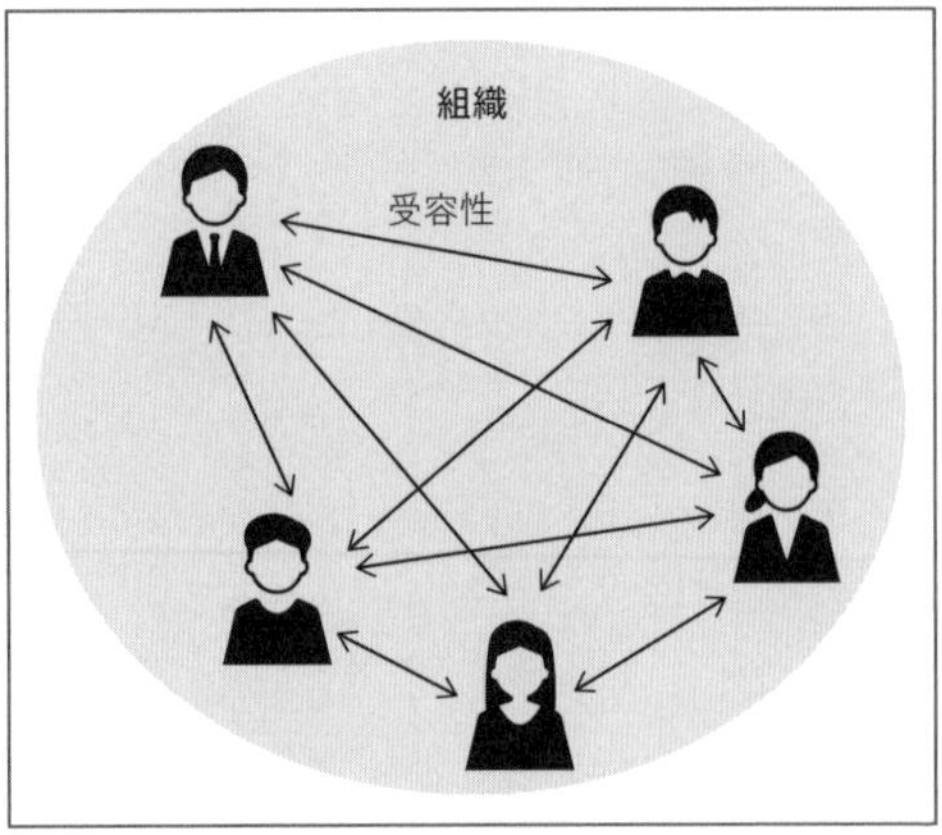

が、とくに顕著だったのが大学スポーツ・チームであった。カニングハムの別の研究によると、大学スポーツ界にてLGBT等の性的指向性に基づくダイバーシティは、チームのパフォーマンスと相関していると報告した。[11]ただし、そうなるためには積極的なダイバーシティの枠組みが包摂的（受容的、インクルージョン）でなければいけない（図表5-2参照）。**ただ単に多様な人材を受け入れるだけでなく、各メンバーが多様な特性を尊重し、受け入れながら組織が一体化しなければいけない。ダイバーシティとインクルージョンは補完的な関係といえる。**

最後にチームのパフォーマンスを勝利に関するアウトカム、効率的なチーム運営、感情的・心理的アウトカムの三つに細分化したうえで、ダイバーシティがどれに効果をもたらしているのかを説明しよう。リーとカニングハムの研究によると、ダイバーシティはチームの勝利よりも、むしろチーム運営の効率化やチームの団結に直結する感情的・心理的な指標にプラスの効果があった。ダイバーシティはチームの団結力・一体感の醸成、そして効率的なチーム運営という経路をたどって最終的に勝利につながると考えられる。

日本ではダイバーシティの効果があるのか？

前節までは企業、スポーツ・チームとも海外の事例からダイバーシティの効果について紹介してきた。それでは日本の場合は組織のダイバーシティに効果はあるのだろうか。まず企業から始めよう。ジョーダン・シーゲルと児玉直美は２００１年から２００６年までの企業データを使ってダイバーシティが企業業績にもたらす影響を検証した。彼らはデモグラフィー型ダイバーシティに該当する女性管理職比率に着目した。研究結果によると、製造業における女性の管理職比率は企業のＲＯＡにプラスの影響はあったが、サービス業では統計的にそれほど大きな影響はなかった。[12]

乾友彦らの研究では社内従業員のダイバーシティではなく、企業を統治する立場にある取締役会に絞り、そこでのダイバーシティが企業のイノベーション活動に与える影響を検証した。[13] 研究結果によると、取締役会内のデモグラフィー型、タスク型ダイバーシティはイノベーションの活動に統計的に有意な効果はなかったと結論づけた。ただ、国際的な企業の場合、部分的ではあるが、女性役員比率の上昇はイノベーション活動にプラスの効果をもたらすと報告した。

女性管理職がまだまだ少ない日本において、女性管理職の増加がＲＯＡやイノベーション活動にプラスの効果があるということは、優秀な女性の人材活用がまだまだ不十分であることを示唆している。第２章の「はじめに」で述べたとおり、２０２１年版ジェンダー・ギャップ指数では日本が

156カ国中120位、ビジネスにおける女性の活躍度合いを示す経済分野では117位と依然低いままである。今後、適材適所の観点からも管理職そして役員に女性を登用することが望まれる。

さて、次にスポーツ・チームに対するダイバーシティの効果を考えていきたい。キース・サクダは日本のプロ野球のデータから、チーム内のデモグラフィー型ダイバーシティとチームの成績との間に相関関係があるかを検証した[14]。彼の研究結果によると、選手年齢のダイバーシティはチームの成績に統計的に有意な影響はなかったが、外国人選手と日本人選手が混ざった国籍のダイバーシティはチームの成績にマイナスの影響があった。外国人選手の場合、言語や文化の違いにより、チームに溶け込むことができず、本来の力を発揮することができなかったかもしれない。これはリーとカニングハムのメタ分析の研究結果と整合的である。サクダは今後国際化するスポーツ・リーグでは、国や地域によってダイバーシティの効果は違うことを念頭に置いて、選手の選抜方法を考えていくべきであろうと述べている。

個人間のダイバーシティと個人内のダイバーシティ

これまでは、ダイバーシティとは組織内にいる複数の個人間で特性が異なっていることを意味していたが、個人内で複数の技能を持っていることも広い意味でダイバーシティと解釈できる。つまり、一人でマルチタスクを遂行できる複数の技能を有していることである[15]。

当然、複数の技能を持っている労働者はマルチタスクをこなしたり、臨機応変にタスクを変更できたりするので、企業にとって使い勝手のよいユーティリティ・プレイヤーである。

筆者も加わった有賀健らの研究では、ある自動車工場の従業員に対するアンケート調査から、製造ライン上のさまざまな作業をこなせるようになるために、ローテーションを実施していることが示された[16]。ローテーションにより従業員を別の作業に配置すると慣れるまで時間がかかるし、ラインの速度も遅くしなければいけない。これは明らかに職業訓練のためのコストである。本来なら一つの作業だけに特化したほうが、余計な職業訓練コストを負担する必要はないはずだ。それでも複数の作業に従事できるようにわざわざローテーションを実施する理由は、突発的な需要の変動に対応できるようにするためであるという。たとえば原油価格高騰により、SUV（スポーツ用多目的車）の需要が急激に落ち、その代わりに燃費のよい軽自動車の需要が伸びたとき、SUVのラインにいた従業員をすぐに軽自動車のラインに配置し、敏速に消費者の需要に対応できるようにするためである。そのために日頃から複数の作業ができるようにローテーションを通じて職業訓練に励むわけである。

スポーツ・チームに当てはめるためにプロ野球を例に取り上げてみよう。複数のポジションを守れる選手はユーティリティ・プレイヤーと呼ばれる。ユーティリティ・プレイヤーが一人いると、監督にとって選手起用が楽になる。たとえば、レフトを守る選手Aがいるとしよう。彼は打撃不振に陥り、監督はベンチに入っている打撃好調の選手Bを起用しようと考えた。しかし、選手Bは二

図表５－３　選手起用法の柔軟性――ユーティリティ・プレイヤーとDH制度

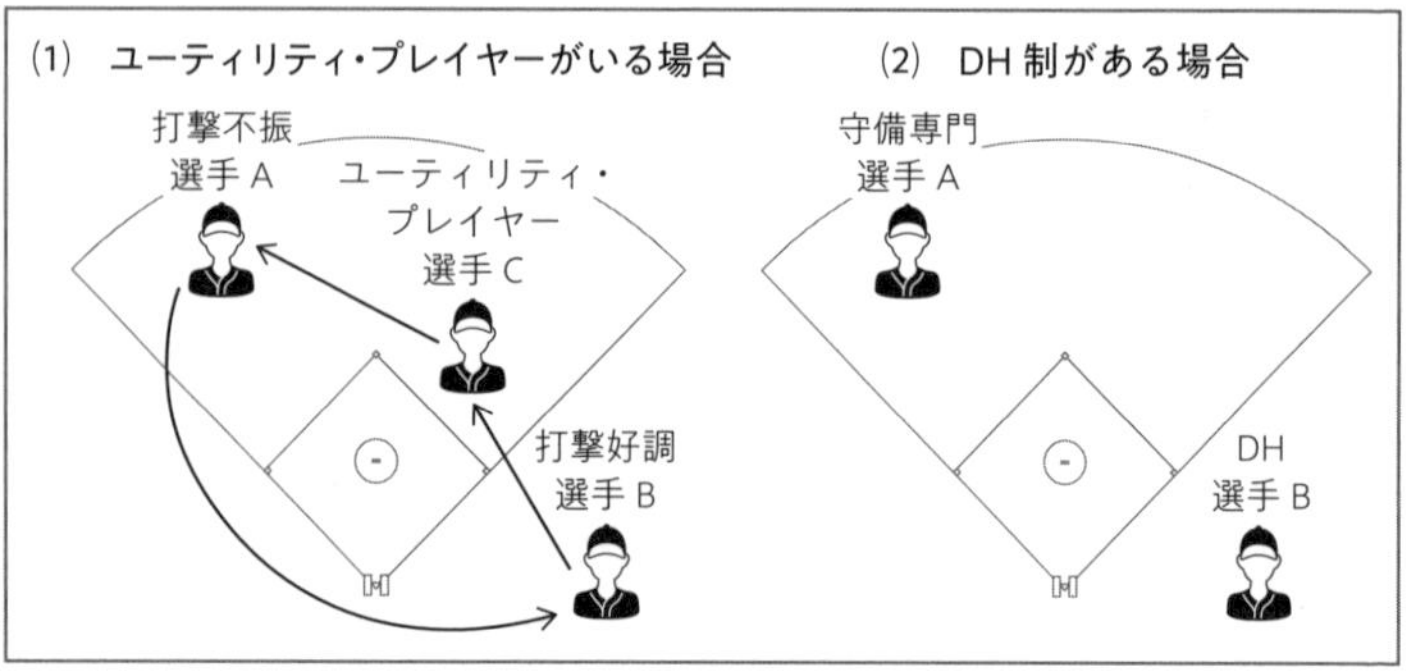

塁の守備が専門なので、選手Aと交代することができない。しかし、二塁を守る選手Cがレフトも守れるユーティリティ・プレイヤーだとすると、選手Cをレフトに移し、選手Aをベンチに引っ込め、選手Bを二塁の守備に起用することができる。このようにすることで、チーム全体の攻撃力が高まる（図表5－3(1)参照）。

しかし、野手全員がユーティリティ・プレイヤーになれないし、ましてやピッチャー以外のすべてのポジションを守れる究極のユーティリティ・プレイヤーはそういない。個人内のダイバーシティを実現できる人はそう簡単にはいないことを意味する。したがって、選手の打撃の調子と守れるポジションを考慮しながら、つねに最適な打順を組むことは監督にとって頭の痛い作業となる。

ところが、パ・リーグの監督にとってその作業の負担はセ・リーグの監督よりも軽くなる。なぜなら、パ・リーグにはDH（Designated Hitter：指名打者）制度があるからだ。DH制度とは、選手一人を守備専門として起用し、彼の打順になると打撃専門の選手が打席に入る起用法である。

DH制度があると、先ほどの例のような起用したい選手が守れるポジションと空いているポジションとのミスマッチを懸念する必要がなくなる。レフトを守る打撃不振の選手Aを守備専門とし、彼の打順には打撃好調の選手BをDHバッターとして起用すればよい（図表5‐3(2)参照）。これは選手Aだけでなく、どの野手にも適用できることから、どこのポジションでも守れる究極のユーティリティ・プレイヤーがいるのと同じことを意味する。

また違った見方をすれば、DH制度を導入することで個人間のダイバーシティの「幅」が広がったと解釈できる。10人目の選手が加わり状況に応じて最適な選手を登用できる選択肢が増えたわけだから、当然チーム力は向上する。

DH制度を採用するチームでは主にピッチャーの打席にDHバッターが起用されている。これでバントが下手でも球の切れが一級品のピッチャーを起用し、彼の打席には打撃は超一流だが守備が下手な選手をDHバッターに起用することで、限られた能力・技能を持つ選手をできるだけ適所に配置できるようになる。DH制度のもと、ピッチャーは打席に入ることを気にしなくてもよくなるので、ピッチングに磨きをかけることにもっと集中できる。それでピッチングの質が全体的に向上すると、それに対応するために他のチームの打撃技術は向上していき、その結果、リーグ全体でファンが喜ぶエキサイティングな試合が展開される。[17]

また最近では、レギュラー選手に守備の負担を減らすことで、長いシーズンを怪我なく乗り切れるようにするために、守備専門選手を10人目として起用し、レギュラー選手を交代でDHバッターとして起用する方法を採用している。

企業組織の話に戻して考えてみよう。**ユーティリティ・プレイヤーのように、マルチタスクを遂行できるという個人内のダイバーシティは、突発的な需要変動リスクに即座に対応することができるので、各労働者は複数の技能を習得しておいたほうが好ましい。しかし、すべての技能を習得することは無理なので、組織全体からすれば各タスクに必要な技能を持っている人材を幅広く起用するのが望ましい。すなわち、個人間ダイバーシティの幅を強化し、厚みのある組織にすることが重要である。**

おわりに

本章では、組織内のダイバーシティが組織のパフォーマンスにどのように影響を与えるのかを考察してきた。組織としてここでは一般企業やスポーツ・チームに焦点を当ててきた。ダイバーシティのメリット・デメリットを社会的アイデンティティ理論や多様な人材によるシナジー効果の観点からまとめ、そしてダイバーシティのタイプを分類した。ダイバーシティには主に2種類のタイプがあり、性別や人種など表層的な特性で分けるデモグラフィー型ダイバーシティ、勤務年数、教育年数や技能のような特性で分けるタスク型ダイバーシティがあることを解説した。

企業の場合、タスク型ダイバーシティのほうが企業パフォーマンスにプラスの影響があるといえるが、スポーツ・チームの場合、デモグラフィー型・タスク型両方のダイバーシティはプラスの効果があることがわかった。

ここで改めて強調したいのは、これら2種類のダイバーシティは別々なものではなく、お互いに補完し合っていることである。複数のタスクで構成されている仕事では、そのタスクを遂行できる最適な人材を登用しなければいけない。熟練の技能を持ったベテランを配置すべきタスク、体力のある若手を配置すべきタスクなど最適な人材を配置し、各タスクに精通する人材が協働することで生まれるシナジー効果が期待できる。したがって、タスク型ダイバーシティは組織のパフォーマンスにとって重要な組織形態である。そして、最適な人材の登用を追求していくと、女性やマイノリティのグループからも幅広く登用することになるので、結局はデモグラフィー型ダイバーシティが達成されることになる。

表層的な特性だけを見てダイバーシティを推進するのは好ましくない。あくまでも組織のパフォーマンスのためには最適な人材を配置することが重要で、そのためにはダイバーシティの幅を広げること、大きなプールから人材を探すことである。そうすれば、結果的に女性やマイノリティが入り混じった組織になるはずだ。

コラム⑥　メタ分析

本章のように、組織のダイバーシティが組織の生産性に与える影響を研究した論文が数多くある場合、それを総合的にどのように解釈すればよいのだろうか。複数の研究結果を統一的に解釈する方法として、「メタ分析」がある。メタ分析とは、同じテーマについて分析された数多くの研究結果を統計的な手法を用いて統合し、統一的な研究結果を導出する分析方法のことである。複数の場所で同じ臨床実験を行い、複数の実験結果を統合する必要のある医学の研究分野で盛んに採用されてきた。近年、経済学を含めた社会科学の研究分野でも採用されている。

統一的な研究結果の算出方法は、単純化していうと、各研究から推定された結果、すなわち「効果量」に重みを付けて平均の効果量を算出することである。たとえば、組織のダイバーシティと生産性の文脈では、効果量として組織のダイバーシティの程度を示す指標と生産性の相関を使う。

重みを付けて平均を算出する理由は、すべての研究結果を一つにまとめて効果量を算出してしまうと、各研究の効果量と逆の結果になってしまう「シンプソンの逆説」の可能性があるからだ。

シンプソンの逆説を具体的な例で説明しよう。図表5－4では、ある一定の期間中にダイバーシティ施策を実施した結果、生産性が向上した企業数と向上しなかった企業数、そしてダイバーシティ施策を実施しなかった場合での生産性が向上した企業数と向上しなかった企業数を示す。このような研究を2カ所で実施したとしよう（研究AとB）。

研究Aから始めよう。ダイバーシティ施策により生産性が向上した企業の割合は、91・0％（＝

図表 5-4　シンプソンの逆説

	ダイバーシティ施策を実施			ダイバーシティ施策を実施せず		
	効果なし	効果あり	効果ありの割合	効果なし	効果あり	効果ありの割合
研究 A	6	61	91.0%	2	32	94.1%
研究 B	12	21	63.6%	21	45	68.2%
	18	82	82.0%	23	77	77.0%

61/(6+61)）、反対にダイバーシティ施策がなくても生産性が向上した企業の割合は94・1%（=32/(2+32)）となり、ダイバーシティ施策を行うことで企業の生産性は向上するわけではなく、むしろ低いことが研究Aから判断できる。

次に研究Bによると、ダイバーシティ施策により生産性が向上した企業の割合は63・6%（=21/(12+21)）、反対にダイバーシティ施策がなくても生産性が向上した企業の割合は68・2%（=45/(21+45)）となり、研究Aと同様、研究Bでもダイバーシティ施策は企業の生産性を引き上げるわけではないことがわかった。

では、研究Aと研究Bを一緒にまとめて再度計算してみよう。ダイバーシティ施策を実施して生産性が向上したのは100社中82社、82・0%である一方、ダイバーシティ施策がなくても生産性が向上したのは100社中77社、77・0%となり、ダイバーシティ施策の実施は企業の生産性を向上させる結果となり、研究AとBの結果と反対になってしまう。

このような矛盾した結果になるのは、各研究結果を単純に足し合わせて、平均の効果量を算出したからである。そのようなことがないように、重み付けの平均を算出するわけである。重み付けの平均の算出方法は主に、「固定効果モデル」と「変量効果モデル」の二つがある。詳しい重み付けの方法は専門書を読んでいただきたい。

メタ分析の際にもう一つ重要なことは、どの研究結果を選ぶかということである。組織のダイバーシティが組織の生産性に与える影響を研究する場合、ついつい効果があることを期待して分析するが、期待どおりの結果にならないことは多々ある。自分の期待どおりの結果ではないし、「ダイバーシティの効果はなかった」という結果では学術誌に採択されないと考え、その研究をお蔵入りにしてしまう研究者もいるだろう。そう考える研究者が多いと、学術誌に掲載されている研究論文は「ダイバーシティの効果はあり」という結果ばかりになってしまい、それらを選んでメタ分析したところで、総合的な研究結果は本当のダイバーシティの効果を示しているとはいえない。「効果あり」の研究しか集まらなくなると、全体的に「効果あり」という結果に偏ってしまう。このことを「出版バイアス」と呼ぶ。メタ分析する際には論文の選び方、そして出版バイアスを考慮したうえで総合的な効果量を推定することが重要である。

第6章

企業がスポーツ・チームを持つのは得なのか?

——一体感の醸成と従業員のやる気

はじめに

前章の「はじめに」でも紹介したラグビー・ワールドカップ日本代表の話にまた戻ろう。多くの日本代表選手は企業が運営するラグビー部に所属し、毎年、社会人チームで構成されるトップ・リーグでプレイしている。日本代表レベルの選手の一部は企業とプロ契約をし、ラグビーに専念することができるが、今でも多くの選手は所属する企業の従業員として雇用契約を結んでおり、ラグビーに取り組むだけでなく、他の従業員とともに日常業務に従事する。

池井戸潤氏の小説をドラマ化した『ノーサイド・ゲーム』のシーンのなかで、トキワ自動車のラグビー・チームであるアストロズの年間運営費は16億円というセリフがあった。これはあながち間違いではなく、人件費、移動費、グラウンド管理費・維持費、合宿費などを足し合わせるとそれくらいになるそうだ。[1] 一部のプロ契約をした選手の年俸は高いが、その他の選手はサラリーマンなので報酬体系は他の従業員と同様に毎月の給与とボーナスが支払われ、その額は他の従業員とあまり変わらない。今後、ラグビーをサッカーやバスケットボールのようにプロ化する話が進められているが、もしそうなったら海外のスター選手だけでなく、これまでサラリーマンだったが、プロに転向する日本人選手にも多額の報酬を用意しなければいけないだろう。増加する人件費をどう捻出するかが今後の課題の一つである。

社会人リーグであるかぎり、今のところ人件費の負担はそれほど大きくないが、それでも運営費に年間16億円ほどの負担がある。なぜ企業はそこまでして企業スポーツを支援するのであろうか。[2] 一般的に企業がスポーツ・チームを運営する理由として、企業の宣伝と社会貢献（企業の社会的責任：CSR）がよくあげられる。ここでは、それ以外に人事労務管理としてスポーツ選手の活躍が従業員の働くモチベーションやモラール（士気）を高めることを企業は期待しているのではないかと考え、それに着目する。まずは、チームの勝利が直接従業員の働くモチベーションやモラールに影響を与えるのか、与えるならどのような属性の従業員なのかをデータ分析から明らかにする。

そして、従業員のモチベーションやモラールを高める別の経路として、活躍するスポーツ選手が同僚の従業員によい刺激を与えるような「ピア効果」があるのかも同時に検証する。企業スポーツ・チームに所属している選手のなかには、先ほど述べたように一般従業員もおり、普段、彼・彼女たちは他の従業員と同じ職場で働く。[3] 一流のスポーツ選手はこれまでのつらい練習に耐えて、数多くの大舞台で試合をしてきた経験から、根性があり、規律正しく、責任感もあるので、仕事を真面目に勤めると思われている。すなわち第1章で述べた非認知スキルのレベルが高いといえる。このようなスポーツ選手がいる職場では、彼・彼女らは他の従業員にとって仕事上の模範となり、それが他の従業員の働くモチベーションやモラールにプラスの影響を与えると期待されている。

スポーツ・チームの活躍により働くモチベーションやモラールが向上すれば、従業員の生産性は向上し、給与・賃金の増加につながると考えられる。それとは対照的に、企業スポーツを従業員に対する福利厚生のような付加給付と捉えたら、付加給付を与える代わりに給与・賃金を低く抑えるという「補償賃金モデル」に基づく説明も考えられる。

本章では働く従業員にとっての企業スポーツの役割に焦点を当てる。

企業スポーツの歴史と現状

東京オリンピック・パラリンピック大会は、新型コロナウイルス感染拡大の影響で大会の開催が1年延期され、海外一般客の受け入れを見送り、原則無観客とするなど、大きな変更があったがなんとか開催に至った。オリンピック・パラリンピック競技に出場するような選手の多くは、プロ野球選手やJリーガーと違って、企業が運営するスポーツ・クラブに所属している。企業に所属しているといっても、日中は他の従業員と一緒に通常業務に従事して、それから練習するような雇用形態もあれば、企業はスポンサーとして選手と契約し、競技だけに集中できるような、ほぼプロ選手のように扱われている場合もある。いずれにしろ、スポーツ選手の育成には企業の支援が欠かせない。事実、オリンピック・パラリンピック選手団は大学生と企業に所属する社会人選手で構成されており、競技によって異なるが、社会人の数が学生の数を上回っている。2016年リオデジャネイロ・オリンピックに出場した選手の約8割は学生以外の社会人選手で占められていた[4]。

では、企業はなぜスポーツ選手を支援するのだろうか。先ほど述べたように、一般的に企業がスポーツを支援する理由として、①従業員の健康促進、②企業の広告塔、③CSR、そして④従業員のモラール向上、一体感の醸成、帰属意識の向上である。発足当初、企業は従業員のレクリエーションの一環としてスポーツを推奨し、スポーツ・クラブを支援してきた。スポーツをすることで従業員は健康的になり、気分転換できることからさらに生産性が伸びると考えた。

1964年の東京オリンピック開催決定を契機に、自らの企業からオリンピック選手を輩出するためにより強い選手を採用し、クラブ強化を図ることで、セミプロ級の競技集団を育成することに方向転換していった。それから、メディアが試合結果や選手の動向をより多く取材することで、選手やクラブを企業の広告塔として活用するようになっていき、それがさらに強い選手やアスリートの採用、チームの強化につながった。毎年開催されていた都市対抗野球大会や社会人野球日本選手権大会に出場するチームの選手の多くはプロ野球選手をめざしており、プロ野球チームのスカウトの目にとまることを期待してプレイし続けている。

しかし、1990年代のバブル経済の崩壊後、業績が悪化するなか、多くの企業がスポーツ支援から撤退した。とくに、野球、バレーボール、バスケットボールなどの団体スポーツ競技で多額な運営・維持経費が必要なクラブは休部・廃部を余儀なくされた。また、ICTの向上によって広報手段が格段に増加した現在では、スポーツを通じて企業の知名度を上げる広報戦略の必要性は薄れつつあるので、企業はますますスポーツ支援から撤退するようになった。

図表6-1 日本野球連盟加盟チームの推移

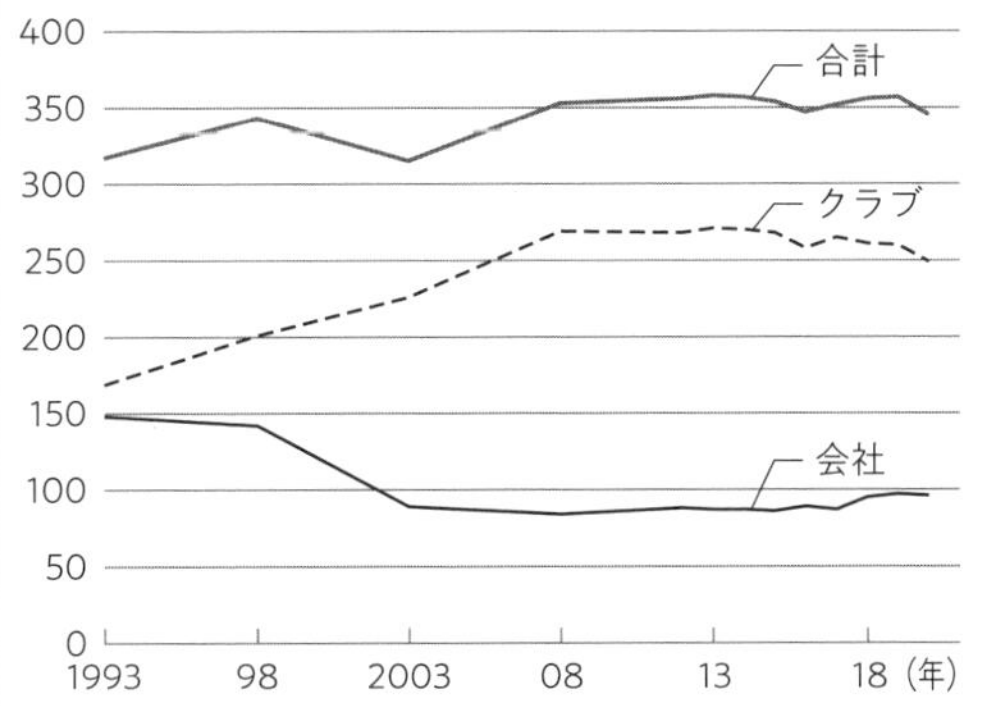

（注） 会社チームには専門学校のような会社扱いのチームも含まれる。
（出所） 公益財団法人日本野球連盟の公式サイト（http://www.jaba.or.jp/）。

図表6-1から、公益財団法人日本野球連盟によると1993年には148の企業チームがあったが、2020年になると活動しているチーム数は96となった。しかし、廃部した企業チームは地域住民や地域企業全体で支えられるクラブ・チームとして新たに生まれ変わる場合がある。2020年では活動するクラブ・チーム

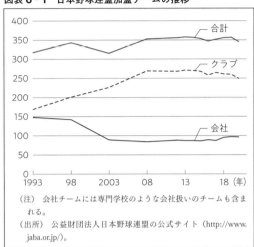

数は249と、企業チーム数の2倍以上になっている。ただ、クラブ・チームは運営資金が豊富ではないので、企業に丸抱えされていたころに比べると、待遇面や環境面は恵まれているとはいえない。

企業スポーツは従業員のモラールを高めるか？

スポーツ選手を支援する企業の多くは、自社のスポーツ・チームの活躍によって従業員のモラールの向上、従業員間の一体感の醸成、そして企業への帰属意識の高まりを期待する。また単に自社のチームの活躍から影響を受けるのではなく、活躍するスポーツ選手が同僚として身近にいることで、よい刺激を受けるというピア効果があると考えられる。第2章でも取り上げたが、ピア効果は行動経済学の分野で盛んに研究されているトピックの一つであり、ある個人の行動はその周りの人々の行動に影響したりされたりすることを意味する。

2013年発表の大竹文雄と筆者の研究では、第1章のスポーツと昇進に関する研究と同じく、自動車メーカーX社で働く従業員を対象にしたアンケート調査を再度利用し、その自動車会社のスポーツ・チームの活躍が従業員の労働意欲にどのように影響を与えるのかを定量的に調査した。[5] この調査結果を紹介しよう。[6]

アンケート調査を実施した2015年3月の時点で、X社は35のスポーツ・クラブの運営をサポートしていたが、主に五つのクラブ（野球、ラグビー、男女バスケットボール、陸上競技〔主に駅伝〕）を強化チームとして重点を置いていた。今回は強化チームのなかでも野球、ラグビー、駅伝チームに焦点を当てて、彼・彼女らの活躍が一般従業員のモラールに与える影響を推定する。[7]

アンケート調査に参加した一般従業員に各強化チームが試合に勝った場合（負けた場合）に分けて、労働意欲が高まるか（低下するか）を示す度合いを5段階に分けて主観的に回答してもらった。具体的には、自社の野球、ラグビー、駅伝チームが勝ったとき、「働く意欲が高まる」「どちらかといえば意欲は高まる」「どちらでもない」「どちらかといえば意欲は高まらない」「意欲は高まらない」のうち一つを選んでもらう。負けた場合も同様に、「働く意欲は低くなる」「どちらかといえば低くなる」「どちらでもない」「どちらかといえば意欲は低くならない」「意欲は低くならない」のうち一つを回答してもらった。

この変数に関して二つの特性がある。一つ目は、勝った局面と負けた局面に分けて回答してもらうことで、勝った場合の労働意欲の変化と負けた場合の労働意欲の変化が対称的なのかどうかを検証することができることである。つまり、勝った場合と負けた場合で労働意欲の振れ幅が同じかどうかを確認することができる。二つ目は、ここでは労働意欲の「水準」ではなく自社の強化チームの勝敗による労働意欲の「変化」を捉えていることである。したがって、この変数は働く意欲が高いか低いかを示すのではなく、意欲が増えたか減ったかを示すことに留意する必要がある。

勝った局面、負けた局面それぞれ右記のような5段階で回答してもらったが、回答の意味を理解

図表6-2　各スポーツ・チームの勝利に対する労働意欲の変化

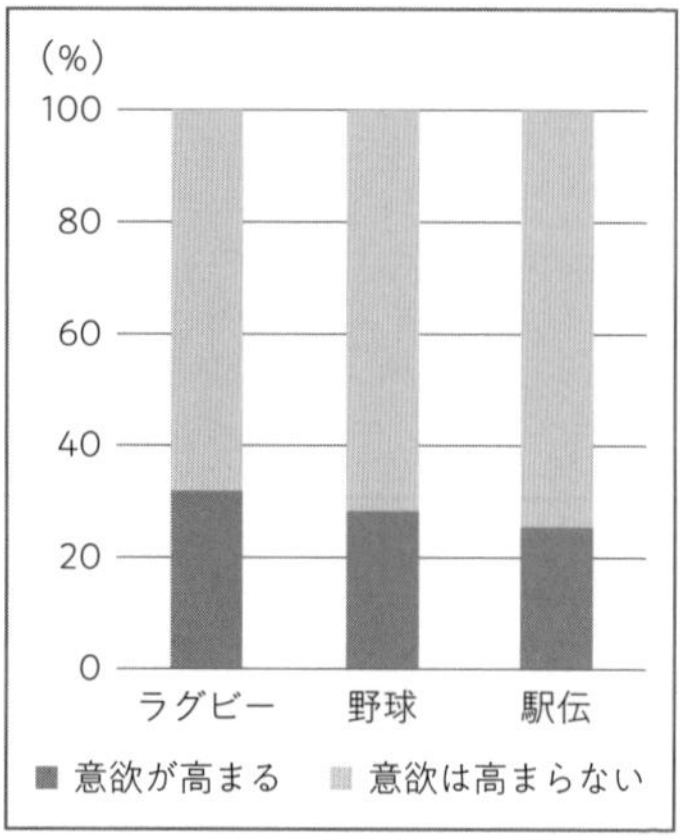

図表6-3　チームが負けた際に働く意欲が低下する割合

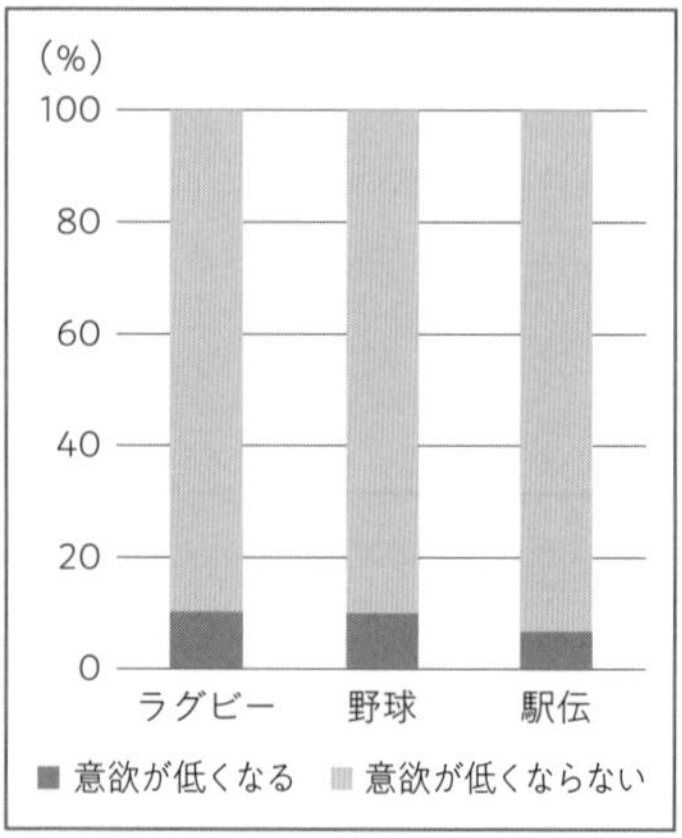

しやすいように、二つのグループに分ける。勝った場合なら「働く意欲が高まる」または「どちらかといえば意欲は高まる」と回答したグループと、それ以外を回答したグループに分ける。負けた場合も同様に、「働く意欲は低くなる」「どちらかといえば低くなる」と回答したグループとそれ以外を回答したグループに分ける。

二グループに分けたうえで、各強化チームが勝った場合、そして負けた場合、労働意欲がどのように変化するかを確認しよう。図表6-2からラグビー部が勝った場合、回答者のうち32%は「働く意欲が高まる」または「どちらかといえば高まる」と回答した。野球部が勝った場合は28%、駅伝チームが勝った場合は26%の回答者が「働く意欲が高まる」または「どちらかといえば高まる」と回答した。強化チームの勝利は約3割の従業員の働く意欲を高める効果があることを示唆する。

では、反対の局面である負けた場合を見てみよう（図表6－3）。ラグビー部が負けた場合、「働く意欲が低くなる」または「どちらかといえば低くなる」と回答した回答者は10％程度であった。野球部、駅伝チームの場合はそれぞれ10％、7％とラグビー部の場合とそれほど変わらなかった。強化チームが勝った場合に比べて、負けてもそれほど働く意欲が低下したという従業員はいなかったことがわかる。

この企業で働く従業員の特性として、強化チームが勝てば喜び、そして働く意欲が高まる。しかし負けても悲しんだり、怒ったりするわけでもなく、働く意欲がそれほど低下することはない。強化チームの敗北に対して寛容だといえる。

次にどのような属性を持つ従業員が強化チームの勝敗によって労働意欲が変化するのかを見よう。強化チームの勝利により労働意欲が高まるかどうかの意思決定を個人属性（年齢、性別、スポーツ経験有無など）や職場の特性（職位、ブルーカラーまたはホワイトカラー、部署に少なくとも一人の強化チームのスポーツ選手がいるかの有無）で回帰した。[8]「部署に少なくとも一人の強化チームのスポーツ選手がいる」ということが、回答者の労働意欲を高めるかどうか、つまりピア効果があるのかを検証する。強化チームが負けた場合に労働意欲が低くなるかどうかの意思決定も同じように分析する。ここでは、労働意欲に影響を与える個人属性として年齢、そして職場特性として同じ部署に強化チームのスポーツ選手がいるかどうかの分析結果だけを抜粋して紹介する（図表6－4と6－5）。

図表6－4　年齢が労働意欲に与える影響

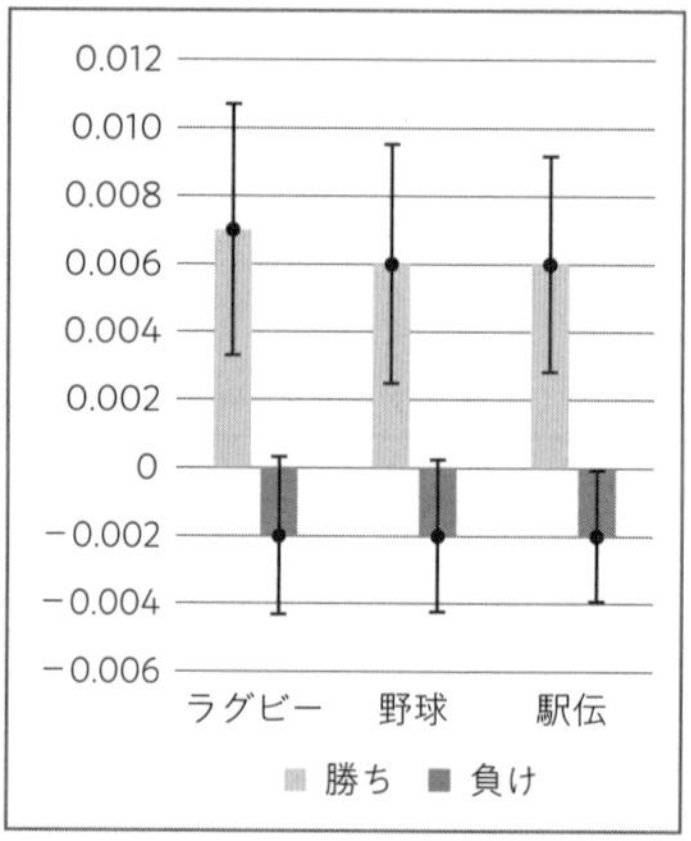

図表6－5　スポーツ選手が同じ部署にいることが労働意欲に与える影響

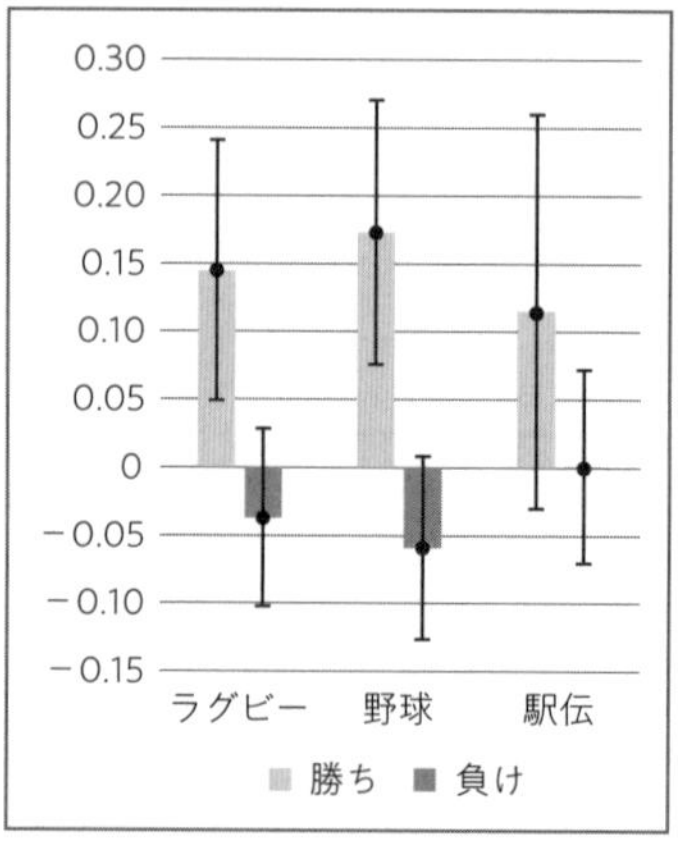

（注）　各棒グラフにある縦線は95％の信頼区間を示す（第2章参照）。

図表6－4は年齢が労働意欲に与える影響を示す。図表の見方としては、ラグビーの場合、年齢が1歳上がるにつれ「労働意欲が高まる」または「どちらかといえば高まる」と回答する確率が平均的に0・7％高くなることを意味する。ラグビー部が試合に勝った場合、年齢が高い従業員ほど労働意欲が高まることがわかる。[9]

野球部や駅伝チームが試合や大会で勝ったときにも同じことがいえる。年齢が1歳上がるにつれ「労働意欲が高まる」または「どちらかといえば高まる」と回答する確率が、野球部、駅伝チームの場合とも平均的に0・6％高くなった。年齢が高いほど勤務年数が長いので、会社に対する帰属意識が高いと考えられ、自社のチームの勝利は労働意欲に対してプラスに反応したと解釈できる。年齢の高い従業員のような帰属意識が高い従業員に対しては効果的であるといえる。[10]

反対に、これら自社の強化チームが試合や大会で負けた場合、統計的にそれほど確かな結果ではないが（有意性は高くないが）、年齢の高い従業員ほど労働意欲が減退する傾向にあった。[11] 年齢が1歳上がるにつれ「労働意欲が低くなる」または「どちらかといえば低くなる」と回答する確率は三つのスポーツ・チームで平均的に0・2％高くなった。

勝った場合、負けた場合とも労働者に与える影響はそれほど大きくはないが、年齢の効果が観察された。強化チームの勝利に伴う労働意欲の増加よりも敗北に伴う労働意欲の減少の程度のほうが弱いので、**年齢の高い従業員ほど強化チームが勝てば労働意欲が高まり、負ければ労働意欲が低下するが、大きくは低下しないといえる。**

図表6－5は、各強化チームに所属する選手が少なくとも一人は同僚として同じ部署にいることが、従業員の労働意欲に与える影響を示す。ラグビー部が試合に勝った場合、ラグビー部に属する選手と同じ部署で同僚として働く従業員の労働意欲が高まることがわかった。そのような従業員はラグビー部が試合に勝った場合、「働く意欲が高まる」または「どちらかといえば高まる」と回答する確率が平均的に14・5％も高くなった。

野球部や駅伝チームの場合も同じ結果となり、同僚が所属するチームの勝利によって働く意欲が高まる。「働く意欲が高まる」または「どちらかといえば高まる」と回答する確率は、野球部の場合は平均的に17・3％、駅伝チームの場合は11・5％高くなった。

反対に、これらの強化チームが試合や大会に負けても選手と同じ部署で働く従業員の労働意欲に影響はなかった。その影響の大きさは勝った場合に比べて小さく、また統計的に有意ではなかった[12]。

自社の強化チームの属する選手の活躍は、同僚である従業員に対して大きな刺激を与えることがわかる。強化選手の熱心なスポーツ活動を見聞することで、自分も頑張らなければいけないと感じるのだろう。活躍するスポーツ選手がロール・モデルとなることで、彼・彼女が属する部署全体の働くモチベーションやモラールが向上するのかもしれない。

反対に、強化チームが試合に負けても、同僚の従業員の労働意欲が低下することはなかった。**従業員は同僚の強化選手の勝ち負けにこだわっているのではなく、頑張る姿に共感していると考えられる。したがって、強化選手のパフォーマンスは同僚の従業員の労働意欲に対して非対称的に影響を与えることがわかった。**

アンケート調査を行った特定の企業に限定されるが、自社の強化チームが試合や大会に勝てば労働意欲を高め、とくに身近な同僚としてスポーツ選手がいる従業員ほど労働意欲が高まることがわかった。チームが負けてもそれほど労働意欲が低下することがなく、負けに対して寛容といえる。

では人事管理戦略として、どのように企業スポーツ・チーム、そして選手を活用すればよいだろうか。**彼・彼女らの活躍が部署のモラールに大きな影響を与えるのなら、できるだけ多くの部署に選手を配属することが望ましい。**自分の部署に一人でも強化チームに属する選手がいれば、部署の従業員全員で彼・彼女のチームが出場する試合や大会を観戦し、応援しようと思うかもしれない。

そのようなアクティビティは部署全体の一体感を醸成することになる。

付加給付としての企業スポーツ

自分たちが働く企業のスポーツ・チームが、ラグビー日本選手権や社会人野球日本選手権に出場することになると、ブラスバンドやチアガールを含めた一大応援団を編成し、みんなでバスに乗車して試合会場に向かう。まるで自社チームの観戦ツアー付きの社員旅行のようなものになる。最近減りつつある社員旅行は従業員のための福利厚生、または大きな括りでいうと付加給付（フリンジ・ベネフィット）とみなすことができる。付加給付とは、従業員に対して金銭的な報酬である給与・賃金以外で給付する経済的な便益のことである。年次有給休暇、育児休暇、社宅、企業側が負担する年金保険料などが付加給付に該当する。

これまでは自社のスポーツ・チーム、そして選手の活躍が社内従業員の一体感を醸成し、モラールを高め、より熱心に働くことが期待できることから労働生産性が伸び、さらにそれが賃金上昇に反映すると考えてきた。それとは対照的に、観戦ツアーを含めた意味での企業スポーツ活動が従業員にもたらす価値を付加給付として捉えた場合、企業スポーツが給与や賃金に与える影響を以下では解き明かしていきたい。ここでカギとなる経済モデルは「補償賃金モデル」である[13]。

では、補償賃金モデルのエッセンスを説明する。単純化のために二人の労働者（AとB）と二つの企業（aとb）だけが労働市場にいるとしよう。まずは労働者の意思決定から始める。両方の労働者とも就職先を決めるのにやはり気になるのは給与水準と付加給付の水準である。それらの水準が高いほど労働者は嬉しいし、仕事に満足する。二人の違いは給与と付加給付のうち、どちらを相対的に重視するかである。労働者Aは労働者Bに比べて給与を重視するとしよう。すなわち、「給与を下げなければいけないのなら、それ相応の付加給付の『補償』がないと受け入れられない」というタイプである。反対に労働者Bは労働者Aほど給与を重視していないとしよう。すなわち、「給与を下げなければいけないのなら、ある程度の付加給付を『補償』してくれたら、それで構わないよ」というタイプである。言い換えれば、二人の労働者の違いは給与と付加給付の交換比率である。

次に、企業の意思決定に目を向けよう。両方の企業にとって給与、付加給付とも費用であり、できるかぎり低く抑えたいと考える。両企業とも生産能力は同じであるが、付加給付に伴う費用が異なるとしよう。ここの文脈では企業スポーツの運営費用に違いがあるとする。企業aは企業bよりも企業スポーツの運営に多くの費用がかかるとしよう。企業aとしては企業スポーツの運営は費用がかかりすぎるので、「それなら企業スポーツを運営しない代わりに、従業員の給与にそのぶん『補償』したほうがマシだ」と考える。反対に企業bは比較的にスポーツ運営費が安いので、「従業員に給与で『補償』するのではなく、企業スポーツを運営して、従業員に付加給付として還元しよう」と考える。労働者A、Bと同様に、企業aとbの違いは給与と付加給付の交換比率である。

では、このような労働者二人と二つの企業が市場に存在するとき、誰と誰が雇用契約を結ぶことになるだろうか。明らかに、労働者Bに比べて給与を重視する労働者Aは企業スポーツ運営費が高すぎるので、それなら給与を増やしたほうがよいと考える企業aと雇用契約を結びやすいことがわかる。同様に、労働者Aに比べて付加給付を重視する労働者Bは、企業スポーツを運営することにそれほど費用がかからない企業bと雇用契約を結ぶことになる。

結果としては、労働者Aの給与水準は労働者Bのそれよりも高く、反対に労働者Aの付加給付水準は労働者Bのそれよりも低くなる。これは自社のスポーツ・チームの活躍が労働者のモラールを引き上げ、それとともに生産性が上がることで賃金が高くなるとした前節の議論とは違い、企業スポーツを運営している企業ほど給与・賃金は低いことになる。**ただ重要なことは、労働者はそれぞれ自分の好みに見合った企業と労働契約を結び、企業もまた自分たちの経営方針を受け入れる労働者と労働契約を結ぶことになる。よって、労働者と企業の間にミスマッチはない。**

大企業のなかでも企業スポーツ・チームを抱える企業もあれば、所有していない企業もある。**スポーツ・チームがある企業で働いているということは、企業スポーツという付加給付に高い価値を持つ人であり、その企業で働きたいと思っていた人であると解釈することができそうだ。**[14]

おわりに

自社のスポーツ・チームで活躍する選手は企業のシンボルとして、従業員の働くモチベーションやモラールを高める効果もあるが、それでも運営費用は莫大である。本章の「はじめに」で述べたようにラグビー部の場合、年間運営費は約16億円である。企業スポーツを付加給付と考えても、その費用は大きいし、「そんなかたちの付加給付はいらないから、代わりにもっと給与を上げてよ」と考える労働者が多くなると、企業がスポーツ・チームを抱えるインセンティブがなくなってしまう。そうなると、企業のスポーツ・クラブの休廃部は今後ますます増えていくことになるだろう。[15]

実際、1990年代にバブル経済が崩壊して以降、企業のスポーツ・クラブの休廃部が続いている。中村英仁は1992年から2012年まで95の実業団陸上長距離部を対象に、企業スポーツの休廃部を決定する要因をイベント・ヒストリー分析法から検証したところ、経済的要因として経済危機による業績悪化が休廃部に大きな影響を与えたと報告した。[16] スポーツ運営は真っ先に費用削減の対象になるので、企業の業績に影響を受けやすい。さらに社会的な要因として、大規模な人員整理による終身雇用制度の崩壊、外国人投資家の台頭、そして休廃部した周辺の企業からの規範的同型化圧力が企業のスポーツ・クラブの休廃部を促したと報告した。

外国人投資家が増えることで、終身雇用制度のような日本型経営制度を否定し、企業価値向上に寄与しないと考える企業のスポーツ・クラブは廃止すべきだと提案するだろう。また、競争相手である他の企業がスポーツ・クラブを廃止して費用をカットし、競争力を高めようとすると自分たちもそれに追随しなければ生き残れないと考える。そのような圧力が企業のスポーツ・クラブの休廃部を選択させる。

廃部したスポーツ・クラブは、地域密着型のクラブ・チームとして新たに生まれ変わる場合が多いが、クラブ・チームになっても企業によるスポンサーがなければ活動できない。**今後、スポーツ活動を続けられるようにするには、サポートをし続けてくれる企業と地域の人々にとってスポーツ・チームに付加価値があるということを納得させなければいけない。具体的には、支援してくれる企業の従業員や地域の人々に対して、ファン感謝祭やこども教室を開催し、従業員、地域の人々と選手の距離を縮めていけば、企業と地域コミュニティはチームの付加価値を認めサポートしてくれるだろう。**われわれの研究で紹介したように、同僚として身近にプレイをする選手がいると、彼・彼女らの活躍が刺激になって労働意欲が高まるという結果から、身近な存在であることが応援したいという気持ちを高めてくれる。

企業の継続的なサポートは今後とも期待したいが、スポーツ・クラブの運営や選手の育成のための金銭的な支援の多くを企業に頼るのは限界であることに気づくべきであろう。**今後、企業だけでなく地域の人々、そして行政が参加しスポーツ政策として選手育成支援の今後のあり方について一緒に考える必要がある。**これに関しては第7章で論考する。

第7章

企業にスポーツ支援を頼りきりでよいのか？

――オリ・パラ出場選手の活躍と外部性

はじめに

バブル経済崩壊以降、長期間にわたる景気後退により、企業スポーツの衰退がよく囁かれているが、それでもオリンピック・パラリンピックのような世界レベルの大会に向け、多くの企業がスポーツ選手の支援を行っている。企業チームを支援する理由の一つは、第6章で述べたように、チームの活躍が従業員の帰属意識や一体感を高め、各従業員の生産性が高まることにつながると期待するからである。そして、自前のチームを抱える企業は合理的な判断に基づいてスポーツ支援の最適な水準、具体的には運営費を決めると考えられる。

ここで疑問に思うことは、企業が選択するスポーツ支援の水準は「私的」に最適であるはずだが、「社会全体」にとって最適なのだろうか、である。私的というからには、あくまでも一企業にとっての利益を最大にするために、収益と費用を天秤にかけながら最適なスポーツ支援の水準を選ぶのであって、この水準が必ずしも社会全体にとっての最適な水準と一致しているわけではないように思われる。

本章では、「外部性」と「公共財」という経済学の重要な概念から、企業は社会全体にとって最適なスポーツ支援の水準を選択しておらず、過小であることを説明する。そして、その状態では企業にスポーツ支援を100%任せるのではなく、政府、行政・自治体、地域コミュニティが企業と協力するかたちで、スポーツ支援をしたほうが望ましいことを説明する。[1]

外部性とは

まずは、「外部性」の定義から始めよう。**ある企業の生産活動や意思決定が他の企業の生産活動や意思決定に影響を与えている場合、市場に外部性があるという。**外部性には「正の外部性」と「負の外部性」の2種類がある。

正の外部性を説明するのによく使われる例として、養蜂業者とりんご農家との関係があげられる。りんご農家が養蜂業者の隣で生産を始めると、飛んでくるミツバチがりんご農園内で勝手に受粉を行い、それがりんご生産の効率性を高め、生産量が増えることになる。しかも、ラッキーなことにりんご農家は養蜂業者にミツバチの受粉活動に対する対価を支払う必要がない。

養蜂業者は、このように自分のミツバチがりんご農家にもたらすプラスの効果を考慮せずに、ハチミツの販売から得られる収入と生産費用のみを天秤にかけ、利益が最大になるように必要な数のミツバチを購入する。ところが、ミツバチはハチミツをつくるだけでなく、隣のりんご農家の生産性の向上にも貢献しているので、ミツバチの購入を増やして、もっと受粉を促したほうが社会全体としては望ましい。しかし、養蜂業者は社会全体のことまで考えが及ばないし、考える必要もないので、結局、その養蜂業者は自分の利益を最大にすることだけを考え、そのためのハチミツの生産水準とミツバチの数を決めている。その結果、社会全体からすると養蜂業者が購入するミツバチの数は、最適な水準よりも過小になってしまう。

負の外部性の有名な例としては、排水を垂れ流す川上の工場と川下で操業する漁業者の関係である。川上の工場の排水によって川下に生息する魚が減り漁獲高は減少する。よって、川下の漁業のビジネスに大きな被害をもたらすが、川上の工場にとっては関係ないことである。排水に費用がからないのなら、生産量を増やしてどんどん川に排水すればよいが、川下の漁業を含めて社会全体のことを考えれば、生産量を減らし、垂れ流す排水量を抑制すべきである。したがって、自分の利益を最大にすることしか考えていない川上の工場の生産量と排水量は、社会全体にとって最適な生産量と排水量よりも過大になっているといえる。

もしミツバチがりんご農園で受粉することや工場が排水することに価格を付けられるのなら、**すなわち、受粉行為と排水を財として市場メカニズムに取り込んで、当事者同士で取引すること（これを「内部化」という）ができるのなら、養蜂業者や川上の製造業が自分の利益のために選択する水準は、社会全体としても最適な水準に収束することになる。**りんご農家が養蜂業者に受粉促進の対価を支払うことができれば、養蜂業者は育てるミツバチの数を増やすだろうし、川上の製造業が排水の対価を川下の漁業者に払わなければいけなくなると、生産量を減らし、排水量を抑制することができるであろう。

　しかし、ミツバチによる受粉行為や排水の取引を市場メカニズムに取り入れることはなかなかできない。取引対象となる受粉や排水量の把握が難しいからだ。これを「市場の失敗」という。すべてのものを取引対象として市場メカニズムに取り入れることができないなかで、個人や企業が自分の利益のためだけに思いのままに経済活動を行うことは社会全体から見て好ましくない。その「歪み」を是正するために、政府、行政・自治体の介入が正当化される。

　正の外部性がある場合、社会的に最適な生産量が過小なので、生産者に対して補助金を充てたり、減税したりすることで、生産量を増やすように支援する。ミツバチをもっと購入してビジネスを拡大できるように養蜂業者に補助金を与えるわけだ。[2] その反対に、負の外部性がある場合、社会的に最適な生産量はもっと少なくすべきなので、増税することで生産量を抑制する。つまり、川上の工場に対して生産と排水を抑制させるために、物品税を課すことにする。いずれにしろ、**経済の外部**

図表7－1　企業のスポーツ支援における外部性

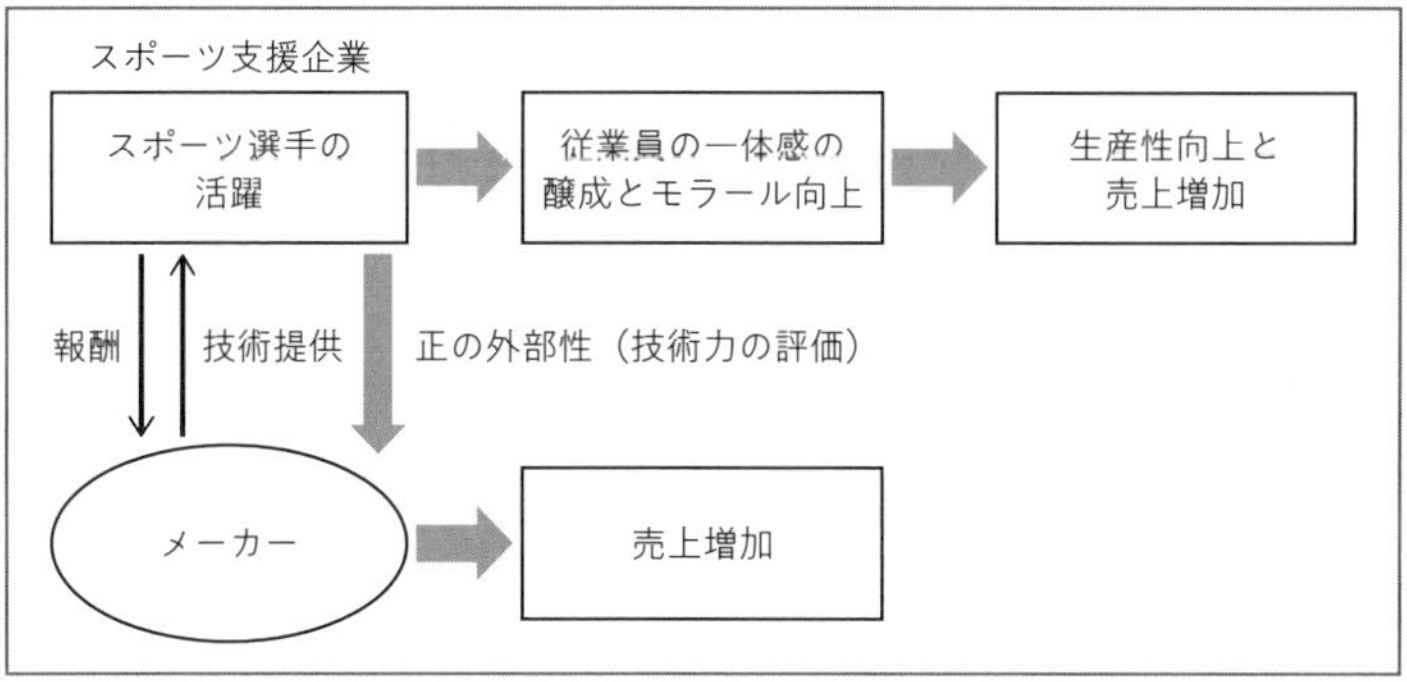

性の是正には政府の介入が必要となる。ただし、政府、行政・自治体自身が本当に社会的に最適なミツバチの数や製造業の排水量を知っているとは限らないことに留意する必要がある。政府、行政・自治体が社会的に最適な水準に誘導するのに失敗することを「政府の失敗」という。

スポーツ支援における外部性とは

では、外部性を企業によるスポーツ支援に当てはめてみよう（図表7－1を参照）。ある企業は自社に所属するスポーツ選手に金銭的および物的支援をすると、スポーツ選手が活躍することで企業の知名度が上がったり、従業員のモラール、帰属意識や一体感が高まったりして、彼・彼女らの生産性が向上し、その結果、企業の売上増加につながることが期待できる。それと同時に、活躍するスポーツ選手は、用具を提供したメーカーの技術力を知らしめる広告の役割を果たし、そのメーカーの売上増加にも寄与することが考えられる。この場合、企業によるスポーツ支援には正の外部性があり、直接スポーツ支援をする企業が決める最適なスポーツ支援の水準は、社会全体で見た場合、過小になっている。

ここでは熱心にパラスポーツ（障がい者スポーツ）の支援をしている企業を例にして説明しよう。２０１８年3月に開催されたピョンチャン・パラリンピック冬季大会では、日本人選手は金メダル3個、銀メダル4個、銅メダル3個と大活躍をした。以前から障がい者スキー競技の支援と選手育成に尽力してきた企業としてよくメディアに紹介されるのが、日立ソリューションズである。前身の日立システムアンドサービスが２００４年に日本初の障がい者スキーの実業団チームを設立し、現在、チームＡＵＲＯＲＡ（アウローラ）としてスキーの選手だけでなく、車いす陸上競技の選手も所属している。選手は社員でもあり、オフシーズン中は他の一般社員と同様の業務に従事する。世界で活躍する彼・彼女らの存在は会社のシンボルとなり、彼・彼女らの活躍がもたらす感動を社員全員で共有することで、社員の一体感の醸成や帰属意識の高まりにつながっていると思われる。[3]日立ソリューションズの立場で考えると、選手に対して金銭的および物的なスポーツ支援による便益（社員の一体感の醸成と帰属意識の高まり）と費用（用具費、合宿費、遠征費など）を比べながら最適なスポーツ支援水準を決定している。

トヨタ自動車もパラスポーツを積極的に支援している。ピョンチャン・パラリンピックでは、トヨタ自動車に所属する選手を含む12カ国25人の選手を「チーム・トヨタ・アスリート」として金銭的および物的に支援した。[4]トヨタ自動車のような大企業の場合、このような支援の主な目的は社会貢献（CSR）と思われるが、日立ソリューションズと同様に社会貢献による便益とスポーツ支援の費用を比べながら最適な支援水準を決めている。

しかし、日立ソリューションズやトヨタ自動車による支援は、自分たちの業績だけではなく、他の企業の業績にも影響を与えることにつながる。パラリンピックにおける男子座位アルペンスキー競技の活躍で、日立ソリューションズやトヨタ自動車だけでなく、選手が使う用具の技術開発と提供を長い間行ってきた車いすメーカーの日進医療器株式会社（以下、日進医療器）や、義肢や装具類メーカーの川村義肢株式会社（以下、川村義肢）の高い技術力が注目された。

ピョンチャン・パラリンピック　アルペン男子滑降（座位）で銀メダルを獲得した森井大輝選手（写真：アフロスポーツ）

日進医療器は軽くて頑丈でターンがスムーズにできるスキーチェアのフレームをトヨタ自動車と共同で開発し、見事、ピョンチャン・パラリンピックでは所属選手である森井大輝選手が銀メダルを獲得することができた。[5] 川村義肢は脊髄を損傷した選手の微妙な動きをスキー板に伝えることができるシートを開発した。[6]

日立ソリューションズやトヨタ自動車は、自分たちのスポーツ支援によって日進医療器や川村義肢の宣伝や業績に貢献できることから、このスポーツ支援には正の外部性があるといえる。そうすると、社会全体から見ると、日立ソリューションズやトヨタ自動車によるスポーツ支援の水準は過小となる。つまり、**日立ソリューションズやトヨタ自動車は、自社にとって最適なスポーツ支援をしているが、技術を提供するメーカーを含めた社会全体のことを考慮すると、もっと支援したほうが好ましいといえる。**

実際のところ、選手のメダル獲得をきっかけに日進医療器と川村義肢の高い技術力がメディアに紹介され、高い評価を受けた。正の外部性を考慮したうえで、日立ソリューションズやトヨタ自動車がもっと選手を支援すれば、彼・彼女らの活躍が技術協力をした日進医療器や川村義肢の広告の役割を果たし、両メーカーが販売する製品の売上がもっと増加すると考えられる。両メーカーとも今後日本で拡大する介護市場において業績を伸ばすことが期待される。

公共財とは

次に、支援するスポーツ選手を「公共財」とした場合、これも外部性と同様に、企業が彼・彼女らを支援する水準は企業自身にとっては最適であっても、社会全体としては最適ではないことを示す。この場合も市場メカニズムに完全に委ねるのは適切ではなく、政府、行政・自治体による介入が正当化される。

まずは公共財とは何かを説明しよう。公共財は「非排除性」と「非競合性」という二つの性質を持つ。非排除性とは、ある人が公共財を購入して消費する場合、他の人は費用を負担しなくても同じように消費できること（排除できないこと）を意味する。非競合性とは、ある公共財を消費する人が増えても、これまで消費していた人は以前と同様に消費できること（競合しないこと）を意味する。

身近な例として街灯を取り上げよう。ある人は駅から家までの夜道が暗すぎるので自費で街灯を設置しようと考えた。これで設置した人は夜でも安全に帰宅することができるようになった。ところが、街灯を設置した本人だけでなく、その道を通るすべての人も設置費用や電気代を負担していないのに安全に夜道を通ることができるという恩恵を受けることができる。本人以外の人が通行するとき、都合よく街灯を消すことは通常できない。したがって、街灯は非排除的な財といえる。

次に、この街灯の近くにマンションが新たに建てられ、多くの人々が引っ越してきたので、街灯が設置されている道を通行する人が増えたとする。新たに引っ越してきた人も安全に夜道を通れるだけでなく、以前からこの道を通行していた人もこれまでどおり安全に夜道を通行することができる。夜道を歩く人が多くなったからといって、以前からその地域に住んでいた人が夜道を安全に歩けなくなったということは通常考えられない。よって、街灯は非競合的な財といえる。以上から、街灯は非排除性と非競合性の性質を有しているので公共財といえる。

公共財の問題点は、ずばり「フリーライダー」の存在である。非排除性と非競合性のある公共財の場合、人々は自分で購入するのではなく、誰かに購入してもらい、自分はタダで消費しようと目論む。街灯のケースでは、誰かが街灯を設置し、電気代を支払ってくれれば自分はタダで利用できるので、自分で設置しようとは思わない。誰もがそう思ってしまうと、結局、誰も率先して街灯を設置せず、夜道は暗いままで危険な状態が続くことになる。したがって、**フリーライド（タダ乗り）しやすい公共財の場合は、政府、行政・自治体が人々から税金を集め、そのお金で公共財を購入することが好ましいと考える。**

公共財としてのスポーツ選手

活躍する企業スポーツ選手は公共財と解釈できる。スポーツ選手の育成に金銭的および物的支援をする企業は、繰り返しになるが、その便益として選手の活躍が自社の従業員の一体感を醸成し、労働意欲やモラール向上に寄与し、それが労働生産性の向上につながることを期待する。しかし、そのスポーツ選手の活躍は所属する企業の従業員だけでなく、他の企業の従業員を含め多くの人々の労働意欲やモラールを高めることに寄与する可能性がある（図表7－2を参照）。

2014年のソチ・オリンピック冬季大会のスキージャンプで銀メダルと銅メダルを獲得し、現在もまだ現役として競技に挑み続ける葛西紀明選手は、株式会社土屋ホーム（以下、土屋ホーム）に勤める正社員だ。彼のオリンピックでの活躍は、土屋ホームの社員だけでなく、多くの国民に勇気と感動を与え、自分もがんばろうという気持ちになったと考えられる。

図表7-2　公共財としての企業スポーツ選手

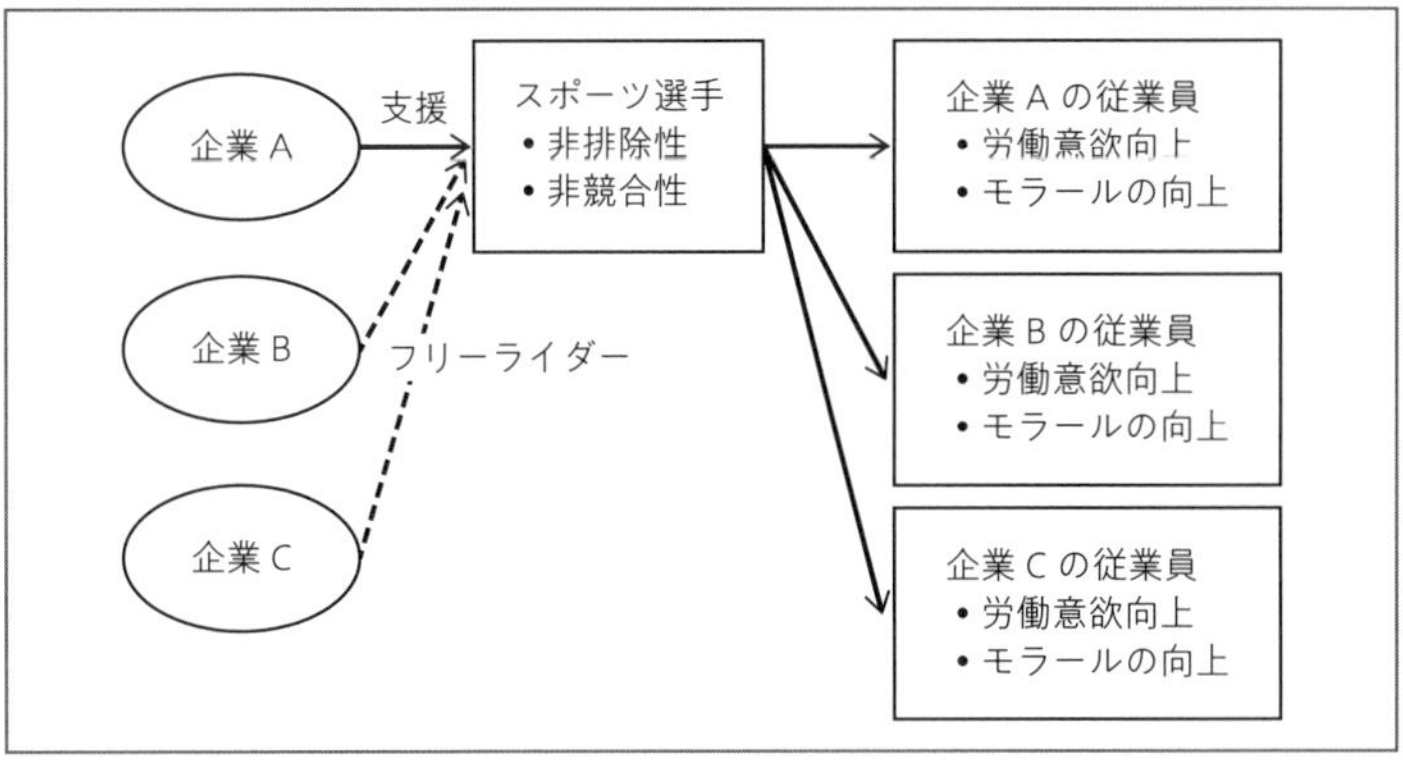

同じように、北野建設株式会社に所属しており、ソチ・オリンピックとピョンチャン・オリンピックのノルディック複合で２大会続けて銀メダルを獲得した渡部暁斗選手、森永製菓株式会社に所属した後の２０１５年にフェンシング世界選手権で優勝した太田雄貴選手、ＡＬＳＯＫ（綜合警備保障株式会社）に所属し、アテネ、北京、ロンドン、リオ・オリンピックで活躍し、国民栄誉賞を受賞した吉田沙保里選手や伊調馨選手は、所属する企業の従業員だけでなく、多くの国民に感動と勇気を与えた。

　企業スポーツ選手の活躍は所属する従業員だけで独り占めできるわけでもなく、他の企業（図表７－２の企業ＢやＣ）で働く人々もともに勇気と感動を共有できることから、選手の活躍は非排除的といえる。また、選手の活躍に感動する人々が増えたところで、その選手が所属する企業の従業員の感動が薄れるわけでもないので、選手の活躍は非競合的といえる。したがって、活躍する企業スポーツ選手は公共財だと解釈できる。

そうなると、先ほど述べたようにフリーライダー問題が生じるはずなので、どの企業もスポーツ選手の支援や育成は他の企業に任せて、自分はタダ乗りしようと考えるはずだ。すべての企業がそう考えると、結局どの企業もスポーツ支援をしようとせず、日本全体の競技レベルが低下してしまう。**そうならないためにも、政府、行政・自治体が積極的にスポーツ支援を企業に働きかける必要がある。**

そうはいっても、実際には多くの企業は支援し続けている。その理由としては、これらの企業はスポーツ支援をCSR活動の一環として捉えているからだ。スポーツ支援を通じて社会貢献をすることで企業の評価を高め、潜在的な消費者に好印象を与えることができる。ここでは、企業スポーツ選手の活躍は人々に感動や勇気を与えるものではなく、企業イメージを高める媒体と考えているので、スポーツ選手の活躍は純粋な公共財とはいえない。選手の活躍による企業イメージの改善はその企業だけに帰するものである。企業はスポーツ支援に必要な費用とイメージ向上による収益とを天秤にかけながら、最適な支援水準を決めているともいえる。

政府、行政・自治体の役割

これまでの議論から、企業スポーツ選手の支援には正の外部性があり、企業が最適と考えるスポーツ支援の水準は社会的な最適水準よりも過小になること、そして企業スポーツ選手は公共財の特性を有しているので、フリーライダーの問題から企業のスポーツ支援は過小になってしまうことがわかった。フリーライダーの問題が深刻になると、支援する企業が減ってしまい、その結果、日本のスポーツ競技レベルは低下し、世界から取り残されてしまうことになる。そうなると、今後オリンピックやワールド・カップなどの世界大会に選手を派遣することができなくなるし、誘致することもできなくなってしまう。

そうはいっても、日立ソリューションズ、トヨタ自動車や土屋ホームにしても社会全体として支援水準が過小だといわれても、支援を増やすインセンティブはない。では、どうするか。一つの解決策としては、政府、行政・自治体が企業にスポーツ支援を促すように補助金を与えたり、減税を実施したりすることが考えられる。

補助金や減税だけでなく、ここでは政府や行政・自治体が率先してサポートすべき施策として、選手育成のための環境整備、リーグの強化と認知度の向上、効率的なスポーツ運営を担える人材育成の3点をあげる。

一つ目は、選手育成のための環境整備である。やはり、スポーツ選手が強豪であるほど、彼・彼女らの活躍が人々にもたらす感動の度合いは高いと思われる。選手強化を企業だけに任せるのではなく、政府、行政・自治体がバックアップする体制を整えることで、多くの選手を世界レベルに引き上げることを期待したい。

文部科学省やスポーツ庁は、これまで日本スポーツ協会や日本オリンピック委員会を通じて、有望なスポーツ選手に金銭的な支援を行ってきた。また金銭的なサポートだけでなく、スポーツ環境整備にも力を注いでいる。味の素ナショナル・トレーニング・センターは日本オリンピック委員会に加盟する団体所属競技の選手を強化するために2008年に設置された。また、隣接する国立スポーツ科学センターでは、科学と医学の見地から競技力向上のために選手をサポートしている。東京だけでなく、全国各地に競技別強化拠点を設け、スポーツ振興を積極的に支援している。

二つ目は、リーグの強化と認知度の向上である。選手やチームの強化だけでなく、そのリーグ機構や競技団体全体の強化や認知度の向上に努める必要がある。先ほど、スポーツ選手やチームが強豪であるほど、彼・彼女らの活躍が人々にもたらす感動の度合いは高いと述べたが、一人の選手、または1チームがダントツで強く、いつも勝ってばかりいるとスポーツがもたらす感動の度合いは低下するし、面白くない。一部の選手やチームが強いだけでなく、すべての選手やチームが強く、それらがリーグ内の総当たり戦で切磋琢磨して戦った末に一人だけ、1チームだけが優勝することで感動が生まれるのである。

企業は所属選手やチームに対して金銭的および物的支援をし、強化しようとするが、リーグ全体の発展のことまでは考えていない。企業は自社に属する選手やチームだけでなく、リーグ全体に対して支援したほうが、リーグ全体のレベル・アップという意味から社会的に好ましい。リーグという組織内で生じる外部性といえる。そこで、行政が支援するスポーツ団体はリーグ全体の強化、競いやすい環境整備やルール作りに取り組むべきであろう。また観客動員数を増やすために、競技の認知度を高める取り組みもスポーツ団体を中心に取り組んでほしい。

国内の各スポーツの運営を統括するスポーツ団体は「中央競技団体」と呼ばれる。具体的には、日本野球連盟や日本陸上競技連盟などのことである。スポーツ産業を成長分野と考えているスポーツ庁は、中央競技団体の経営強化や効率的な運営のためにマーケティング戦略の策定や実施を積極的に後押し、観客増加、プレイの質の向上、競技環境の整備、スポーツ人口の増加を含めたスポーツの価値を高めることを支援している。[7] またパラスポーツの裾野を広げ、障がい者のスポーツ人口を増やすために、日本障害者スポーツ協会（日本パラスポーツ協会）への継続的な支援は必要である（章末のコラム⑦参照）。

ナショナル・チームの強化も重要であろう。2019年に日本で開催されたラグビー・ワールド・カップでは日本代表が初のベスト8に進出し、多くの国民が熱狂した。これを機にラグビーの国内リーグであるトップ・リーグの注目度は一気に増したといえる。男子サッカーを見てもわかるように、ナショナル・チームの活躍が今日のJリーグの人気につながったのは明らかである。

最後は、効率的なスポーツ運営を担える人材育成である。企業スポーツ選手を強化するには資金が必要であるが、潤沢に使える予算がある企業はそれほど多くない。今できることは、与えられた予算をうまく効率的に運用するかである。それには、スポーツの現場と経営の両方を理解し、チームと経営側の橋渡し役となるゼネラル・マネージャー（GM）の採用、育成が急務であろう。

日本でも、プロ・アマ問わずGMの重要性が認識され始めた。プロ野球やJリーグでは多くの球団でGMがスカウト、年俸の査定やマーケティングの分野で現場と連携しながら活躍している。スポーツチームを抱えている企業でもGMを配置すべきだという考えが浸透し始めている。

GMが必要と考える企業の期待に応えて、大崎企業スポーツ事業研究助成財団と日本オリンピック委員会は「スポーツ・ゼネラルマネージャー講座」を2003年と2004年に共同で開講した。ここでは、企業スポーツ経営に必要な、マーケティング、メディアへの対応方法、スポーツ・ビジネスの法務関連問題の対処法などを学び、マネジメント能力の向上を目的とした。

また、スポーツ庁や文部科学省もスポーツ・マネジメント人材育成の支援に力を入れている。すでに多くの大学ではスポーツ・マネジメントのコースが開講され、スポーツ・マネジメント人材育成に貢献している。[8] 今後、スポーツ・マネジメントを専門とする人材が各中央競技団体、各企業スポーツチームに所属し、強固な経営基盤を構築することで、選手が経済的な不安を感じずに競技に集中できる環境を整備していくことを期待する。

おわりに

本章では企業スポーツ支援のあり方について述べた。スポーツ支援に外部性があったり、スポーツ選手に公共財の特性があったりする場合、企業が決定するスポーツ支援の水準は、理論上、社会全体から見て過小になってしまう。社会全体として最適な水準にするには、企業だけに任せるのではなく、政府、行政・自治体も積極的に関与し、スポーツ支援をする必要があるだろう。

支援の仕方としては、各スポーツ団体や企業チームが限られた予算で効率的に経営・運営できるように、環境整備を含めて包括的に支援すべきであろう。そうすることで、選手、チーム、そしてリーグや競技団体の強化が図られる。スポーツ事業のマーケティング戦略の策定・実行やスポーツ・マネジメントの人材育成は、スポーツ団体や企業が自前で行うのではなく、政府、行政・自治体の支援を受けながら、大学のような然るべき機関とともに取り組むことも一案であろう。

企業を取り巻く環境がますます厳しくなるなか、スポーツ経営や運営を企業だけに頼る時代ではなくなった。政府、行政・自治体と教育機関、そしてこれに地域のコミュニティを加え、三位一体となって、東京オリンピック・パラリンピック大会以降もスポーツ選手の育成や支援を積極的に行ってもらいたい。

コラム⑦　パラスポーツの普及

2020東京パラリンピック大会開催を間近に控えた2021年3月に障がい者スポーツ協会は、競技の普及をめざして、これまでの「障がい者スポーツ」という名称を「パラスポーツ」に変更することを決定した。パラスポーツの競技は、競技性が高いわりには身体的負荷がそれほどかからないので、障がい者だけでなく、子どもや高齢者でも手軽に楽しく参加することができる。今後はさらに子どもや高齢者から幅広く参加者を増やすために、名称をパラスポーツに変更したといわれている。

パラスポーツは、そもそも障がい者の健康増進やリハビリテーションのために考案されたが、実際のところ、どれくらいの障がい者がパラスポーツに励んでいるのであろうか。笹川スポーツ財団によるアンケート調査によると、「週に3日以上」、と「週1～2回」を合わせた「週1回以上」スポーツ・レクリエーションを実施しているという回答者（成人）は20・8％であった。[9] 比較するために、健常者対象のスポーツ実施状況を見ると、回答者（成人）のうち51・5％は週1回以上実施していた。[10] 障がい者に対するスポーツ参加の普及はまだ道半ばであるといえる。実のところ、成人した障がい者が選ぶ主なスポーツ・レクリエーションは、散歩やウォーキングであり、パラスポーツ種目のような競技性のあるものではない。対照的に7～19歳の青少年では、パラリンピックの種目である水泳が上位となった。

障がい者のスポーツ参加率を引き上げる余地はまだありそうだ。パラスポーツ種目を含めたスポーツ全般に気軽に参加できるように、スポーツ庁は「Special プロジェクト2020」をスタートさせた。[11] このプロジェクトの目的は、障がい者に対するスポーツ普及である。障がい者がスポーツに参加しない理由の一つが施設へのアクセスが不十分であることから、その対策として特別支援学校を地域の障がい者スポーツの拠点にしようと考えた。そこにパラスポーツ指導員を派遣し、手軽にパラスポーツを楽しむことができるようにする。また、障がい者だけではなく、近隣の高齢者も参加できるような地域のスポーツ拠点になることが期待される。

障がい者の雇用率は2％台とまだ低いのが現状であるが、パラスポーツへの参加は就業率を引き上げるという研究結果がある。[12] アメリカの研究であるが、車いすラグビーとバスケットボール選手131人を対象にした調査によると、1年間パラスポーツに励むと、就業率が約4％上昇する結果となった。[13] つまり、車いす生活を送る生産人口の3％に該当する10万人が1年間プレイすれば、そのうち4000人は就職ができ、年間4000万ドルの所得を生み出すと報告した。家や施設に閉じこもりがちだったのが、スポーツを通じて仲間とのコミュニケーション能力が高まり、自分に対する自信が深まることで就職に成功したと考えられる。

第1章でも説明したように、スポーツ活動は社会人として必要な非認知スキルを高める機会である。このスキルが就職への成功につながる。障がい者も然りである。

第8章

オリンピックに経済効果はあるのか？

——長野オリンピック・パラリンピック大会のケース

はじめに

全世界規模の新型コロナウイルス感染拡大のため1年間延期された2020東京オリンピック・パラリンピック大会がついに閉幕した。無観客の措置がとられたものの、多くの国民は一流選手のパフォーマンスに酔いしれ、大きな感動をもらうことになった。オリンピックやパラリンピックの醍醐味は世界中から集まった一流選手のパフォーマンスを観戦することができることだが、一方でつねに話題になるのはその経済効果である。世界最大規模のスポーツの祭典には競技場の建設やインフラの整備、大会の運営などに莫大な費用がかかるが、それが雇用を創出し、消費を喚起する。

また、オリンピック・パラリンピックのレガシーとして大会を機にスポーツ人口が増加し、スポーツおよび健康関連の消費が長期的に伸びていくことも考えられる。だからこそ、開催地域の経済活性化に期待が膨らみ、オリンピック・パラリンピックの経済効果に注目が集まる。

オリンピック・パラリンピックやワールドカップなどのスポーツ・イベントや万国博覧会のようなメガ・イベントは、経済成長の起爆剤として効果があるのだろうか。この問題は、メガ・イベントが開催されるたびに議論の的になる。

それゆえに、本当にオリンピック・パラリンピック大会が起爆剤として経済成長を促すのかを、きちんと定量的に検証する必要がある。本章では、これまでのオリンピック・パラリンピック大会の会計的な費用と収入を概観したうえで、２０２０東京オリンピック・パラリンピック大会の前に日本がホスト国を務めた１９９８年長野オリンピック・パラリンピック大会に着目し、その大会開催はどれくらいの経済効果があったのかを検証する。

また、オリンピック・パラリンピック大会開催に伴う費用ともたらされる便益の解釈を経済学的に明確にする。便益といっても経済的・金銭的な便益だけでなく、オリンピック・パラリンピック大会を間近で感じることで人々が感じる喜びや誇りも、便益の一部として認識すべきであることを説明する。

オリンピック大会の費用と収入

オリンピック・パラリンピック大会のようなメガ・イベントを開催するにあたり、得られる収入と必要な費用を把握しなければならない。まずは、これまでのオリンピック大会の費用と収入の規模を概観する。ここでは、パラリンピック大会の費用や収入は含めない。なぜならオリンピック大会とパラリンピック大会が一体化したのは最近のことであるので、時系列に比較することは難しいからだ。

図表8－1は開催年順にオリンピック大会に費やした費用の総額が並んでいる。薄いグレーのグラフが冬季オリンピック、濃いグレーが夏季オリンピックを示しており、

図表8－1　オリンピックの費用

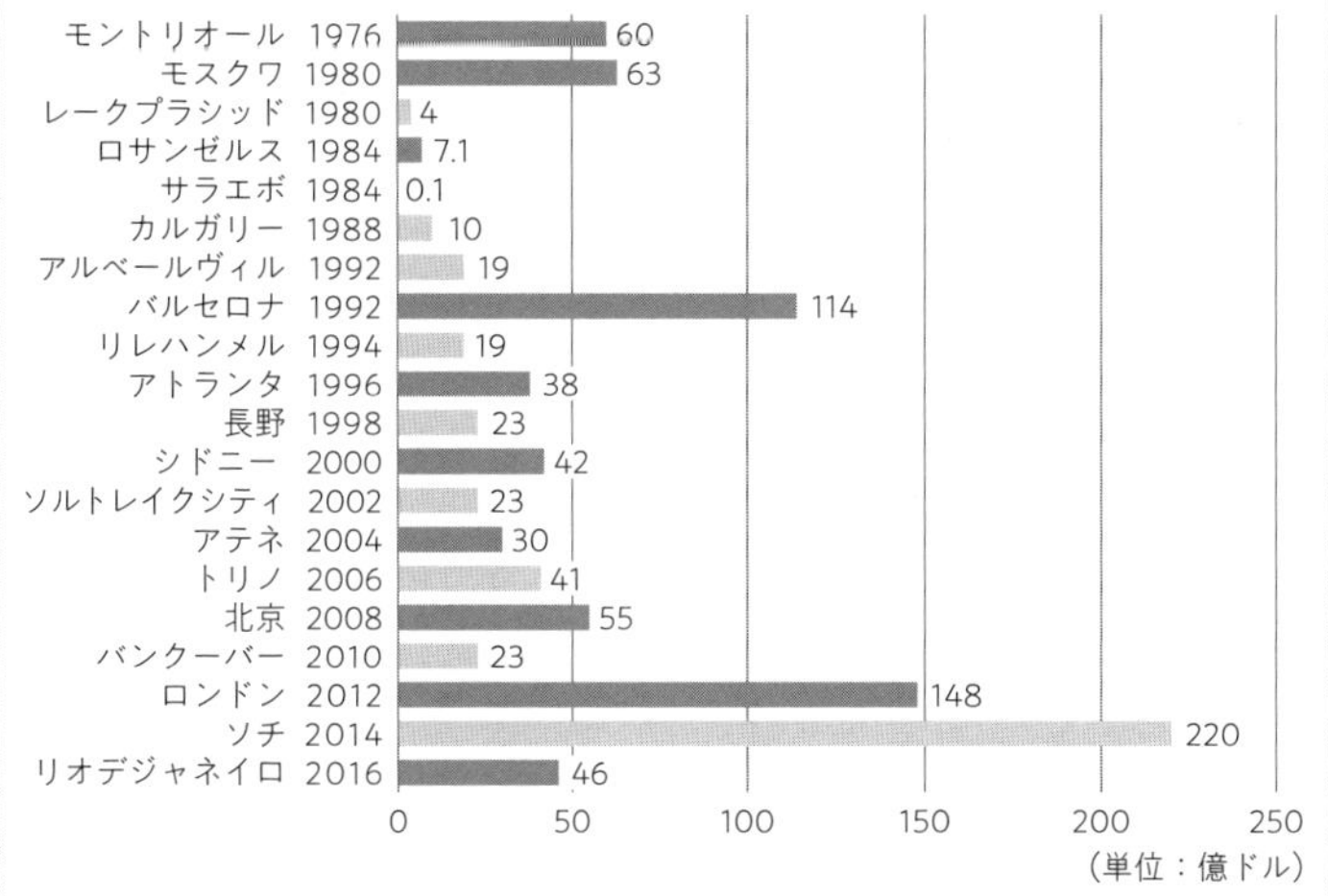

（出所）　Said Business School, Oxford University.

図表8-2　オリンピックの収入

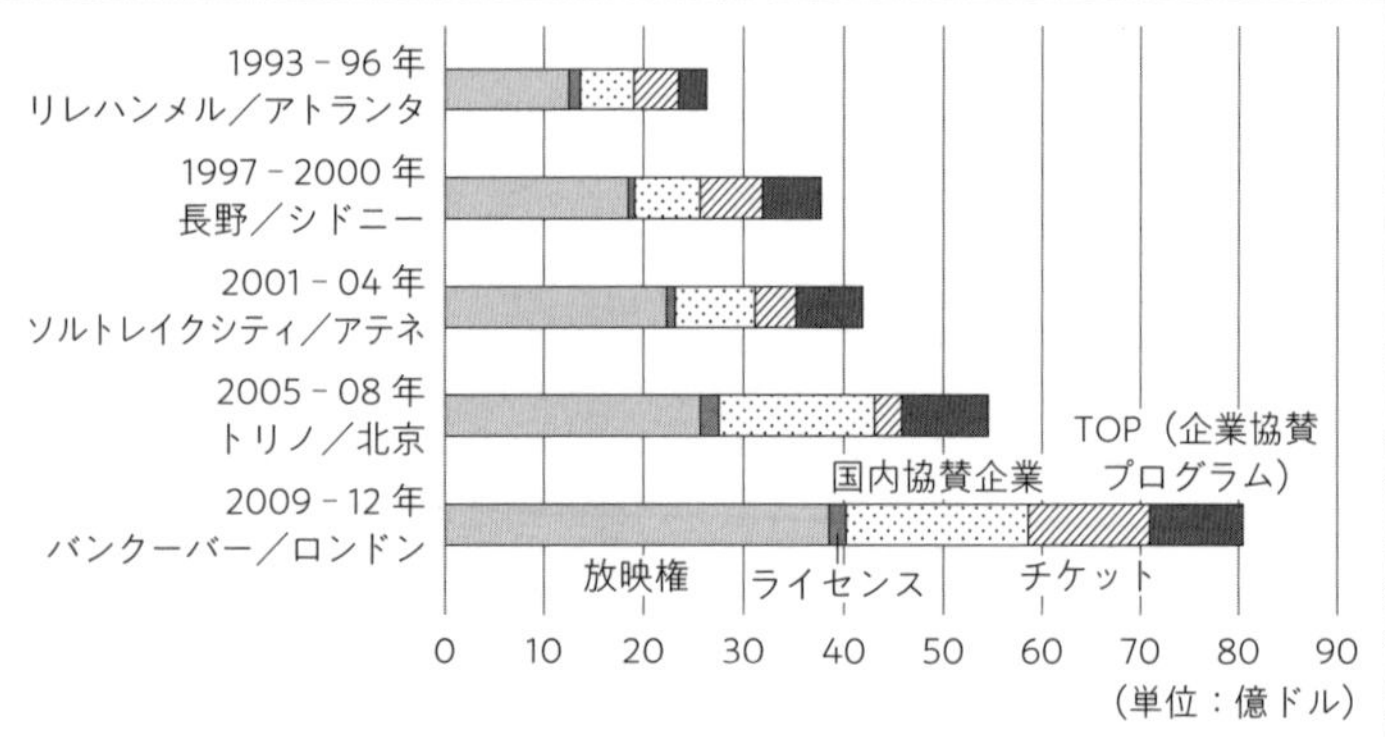

（出所）International Olympic Committee.

冬季大会は回を重ねるごとに費用はおおむね増加傾向といえるが、夏季大会は一貫した増加傾向とはいえない。夏季オリンピックは参加人数が多く、種目も多いので、基本的には夏季大会のほうが費用は高くなるが、冬季大会でもソチ冬季大会だけが非常に費用が高く、220億ドルも費やしている。ロンドン夏季大会も意外と費用が高くなっている。ロンドン夏季大会の場合、ロンドン東部の貧困地域を再開発することを目的に、その地域の施設を全面的に建て替えたために、インフラ費用が高くなったと考えられる。一番費用が少ないのがサラエボ冬季大会である。しかし、総じて毎回多額の費用がかかっていることが理解できるだろう。

　では、次に開催による収入はどうであろうか。図表8－2は、夏季大会と冬季大会との収入を足した数字になっている。下から1番目がバンクーバー冬季大会とロンドン夏季大会、下から2番目がトリノ冬季大会と北京夏季大会、中央がソルトレイクシティ冬季大会とアテネ夏季大会、上から2番目が長野冬季大会とシドニー夏季大会、そして、上から1番目がリレハンメル冬季大会とアトランタ夏季大会である。斜線の部分がチケット購入による収入を示す。その他の項目としてライセンス収入などがあり、これらを足し合わせたものが総収入となる。

まず図表8－2を見てわかることは、大会収入が年々増加していることである。とくに、図表8－3を見ると、放映権から得られる収入が指数的増加傾向にあることがわかる。収入が増加傾向にあるなら、収支に問題はないと思われるだろう。しかし、金額の規模を比べると、収入が最も多かったバンクーバー冬季大会とロンドン夏季大会の合計でも80億ドルである一方で、このときの費用は、先ほどの図表8－1から計算すると171億ドルであることから、費用が収入をはるかに上回っていることがわかる。収入だけを見ると増加傾向にあるが、費用と比べるとその額はまだ少ないといえる。

単純に費用と収入の数字だけを見ると、「収支で赤字を出してしまうのではないか」「やはり東京でオリンピック・パラリンピックのホスト国になる必要なんてなかったんじゃないか」と思ってしまう。はたして、収入と費用だけを比較してオリンピック・パラリンピックの善し悪しを判断すべきなのであろうか。単なる収入だけでなく、オリンピック・パラリンピック開催によって経済が刺激され、消費増加や雇用拡大へ波及する経済効果も含めて大会を評価することも重要である。

図表 8-3　放映権から得られる収入

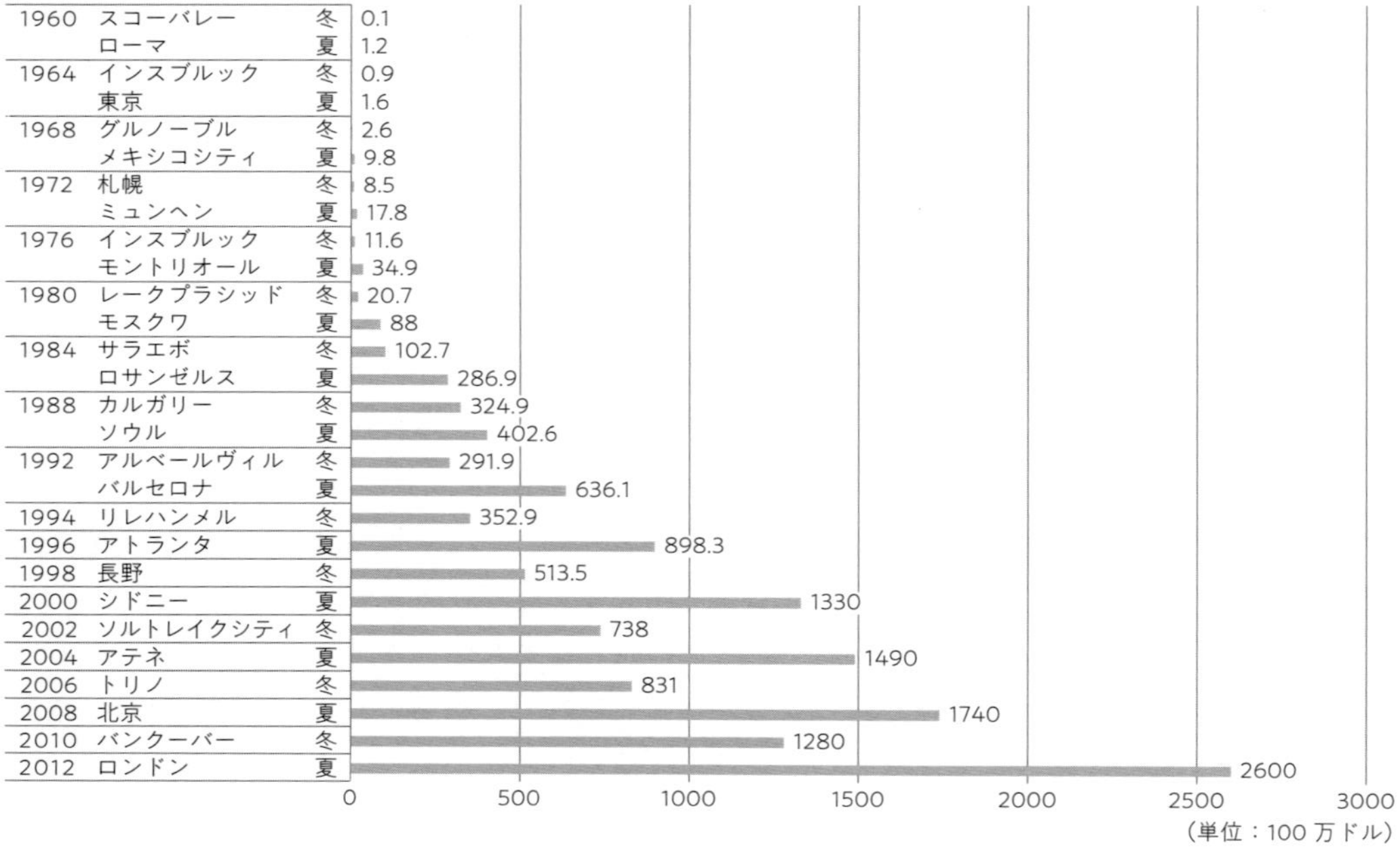

（出所）Council on Foreign Relations “The Economics of Hosting Olympic Games”.

長野オリンピック・パラリンピック大会の経済効果

(1) 長野大会に注目した理由

オリンピック・パラリンピックから得られる収入は、直接的な収入――ライセンスや放映権、チケット代など――だけでなく、オリンピックやパラリンピックを開催することによって派生し、波及する効果も考慮する必要がある。多くの人がやって来て、食事したり、宿泊したりすると、飲食店やホテルが儲かり、そこで働いている人たちの収入は増える。そして、彼らは消費を増やすことになるだろう。[1] このような波及効果を考慮しないと、本当の意味でのオリンピック・パラリンピックの効果とはいえない。

そこで、筆者は共同研究者の三好向洋とともに、1998年に開催された長野オリンピック・パラリンピック大会には、直接的な効果と派生する効果を含めた総合的な経済効果がどれくらいあったのかを検証した。[2] なぜ長野大会を選んだかというと、2020年の東京大会を除いて日本で開催された直近のオリンピックが長野大会であり、開催されてからの経済効果を検証するための年月が十分に経過しているからだ。もちろん、冬季大会なので、経済効果の規模は夏季大会のそれとは大きく異なることに留意する必要がある。[3] したがって、得られた結果をもとに2020年の東京大会の経済効果を厳密に予測することは不可能であるが、同じ日本で開催され、しかも1998年という、それほど遠くない過去のイベントであったので、長野大会の経済効果を把握することは、今後東京オリンピック・パラリンピック大会がもたらした経済効果について議論する際に参考になるのではないかと考える。

長野オリンピック・パラリンピック大会は、1991年の国際オリンピック委員会（IOC）総会で、長野市がソルトレイクシティを破り開催地となり、オリンピック大会は1998年2月7日から22日までの16日間、パラリンピック大会は同年3月5日から14日までの10日間開催された。オリンピック大会には延べ144万3000人、パラリンピック大会には15万1000人の観客が会場に集まった。[4] 多くの観客が宿泊し、そしてレストランで食事をすることで、消費が増加したことから、オリンピック・パラリンピック大会の経済的な効果は大きいと思われる。

長野オリンピック・パラリンピック大会に備えて、長野新幹線や上信越自動車道が整備された。これによって長野県内だけでなく、県外からも競技会場にアクセスしやすくなった。

図表8－4は競技が開催された場所を示す。競技のほとんどは実は長野市内で開催された。長野市以外では、スキー会場になった白馬や、カーリングが行われた軽井沢などがある。

(2) 反事実的なデータを推定する

われわれの研究では、長野オリンピック・パラリンピック大会が長野県全体に与えた経済効果に着目する。注意したいのは、長野オリンピック・パラリンピック大会が日本全体の経済にもたらす影響を推定するわけではないことである。限られた地域でオリンピック・パラリンピックを開催したときに、それが起爆剤となって、地域経済が成長していくのかを見ていく。

使用するデータは、県別の県内総生産（以下、ＧＤＰと表記）のデータがある「県民経済計算」（内閣府）である。[5] オリンピック・パラリンピック大会が長野県のＧＤＰに与える影響を捉える。

分析方法を説明する。まず最初にオリンピック・パラリンピック大会の経済効果が出始める起点となる年を決める。われわれはこれを大会が開催される１９９８年ではなく、長野で開催されることが正式に決まった１９９１年とする。開催決定からアリーナなどの競技施設の建設やインフラ整備などの大会に向けた準備が始まるからである。

図表８－４　競技の開催地

次に、１９９１年を境にしてその前後数年分の長野県のＧＤＰの時系列データを集める。われわれは１９８５年から１９９１年、それを超えて２００９年までのデータを使用した。これでオリンピック・パラリンピック大会がもたらす長期的な経済効果を捉えることができる。当然のことであるが、この時系列データは長野でオリンピック・パラリンピック大会が開催されたことによって、実際に観察できる長野県のＧＤＰの推移である。

われわれが実際の長野県のGDPの時系列データと比較したいのは、もし長野でオリンピック・パラリンピック大会が開催されていなかったら、観察されていたと思われるGDPの時系列データである。そうすることで、オリンピック・パラリンピック大会の開催が地域にもたらす経済効果を測ることができる。もちろん、実際にはオリンピック・パラリンピック大会は開催されたので、開催されなかった場合の時系列データは存在しない。

そこで、開催されなかった場合の仮想データを他の46都道府県の時系列データをもとに作成する。オリンピック・パラリンピック大会招致が成功する1991年以前のデータを使い、実際の長野県のデータの推移と、46都道府県のデータをもとに作成した1本のデータの推移とが重なるように調整する。その調整方法を1991年以降の46都道府県のデータにも適用することで、「反事実的」な長野県GDPデータを作成する。これは長野大会が開催されなかった場合に実現されたであろうと思われるGDPの時系列データとなる（章末のコラム⑧参照）。

(3) 実際のデータと反事実的なデータを比較する

では、実際に観察される長野県GDPの時系列データと反事実的な時系列データを比べてみよう。図表8－5は2種類の時系列データを重ねている。実線が実際の長野県のGDPの推移、破線がもし長野県でオリンピックがなかったらたどると推定される反事実的なGDPの推移である。

1991年以降、オリンピック・パラリンピック大会が開催されたことで長野県のGDPは増えて

いることがわかる。この結果は統計的な検定からも確認された。

しかし、経済効果というのは、長野県全体ではなく長野県民一人ひとりの生活水準が向上したかどうかを検証したいので、次にそれを一人当たりのGDPに変換しよう。単純に県人口で割ると、

図表8-5　長野県のGDPの推移

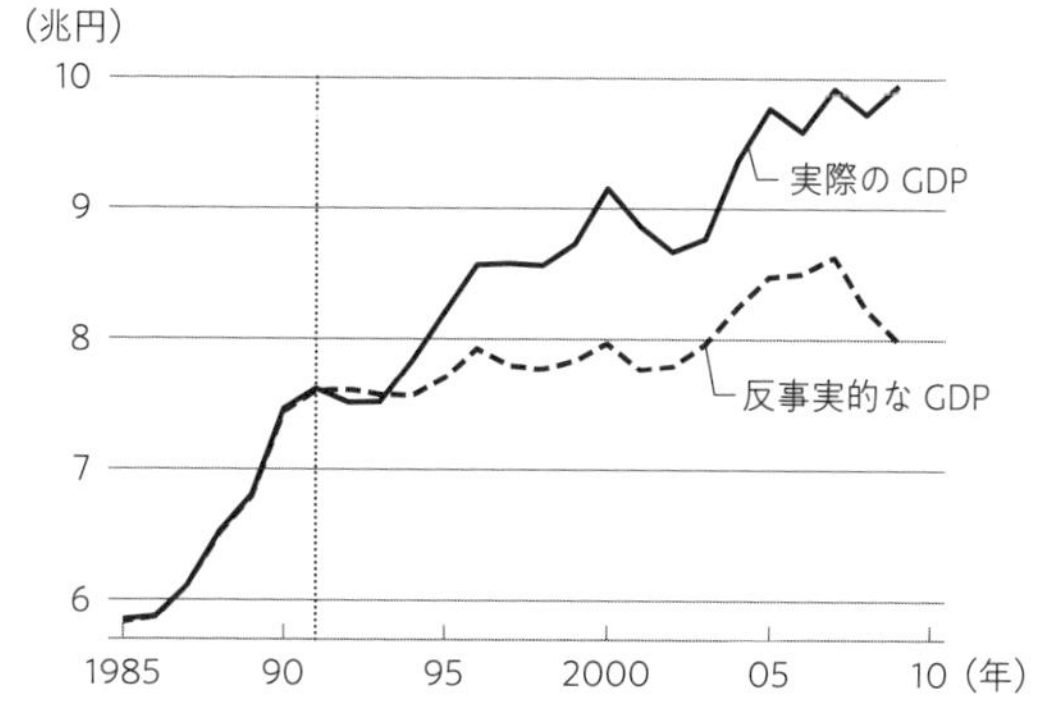

(出所)　Miyoshi and Sasaki (2016).

図8-6のようになる。ここから、1991年以降二つのデータの推移にはそれほど大きな差がないことがわかる。県全体のGDPが増加しているのに、一人当たりのGDPは増えていないということは、1991年以降に長野県の人口が増えたということを示唆する。人口が流入したために、**一人当たりのGDPで見るとオリンピック・パラリンピックはあまり効果がなかったようである。**

次に、オリンピック・パラリンピック大会開催といえば、先ほど述べたようにインフラを整備したり、立派なアリーナなどの競技施設を建設したりするので、建設業界の業績はよくなると予想される。図表8-7は建設業の付加価値額の推移で、実線は実際にたどった推移を示す。やはりオリンピック・パラリンピック

開催が決まってから急激に増加している。しかし、その後は反動で減少に転じている。1998年のオリンピック・パラリンピックが始まるときにはピークは過ぎてしまって、減少傾向にあることがわかる。

図表 8 - 6　長野県民 1 人当たりの GDP の推移

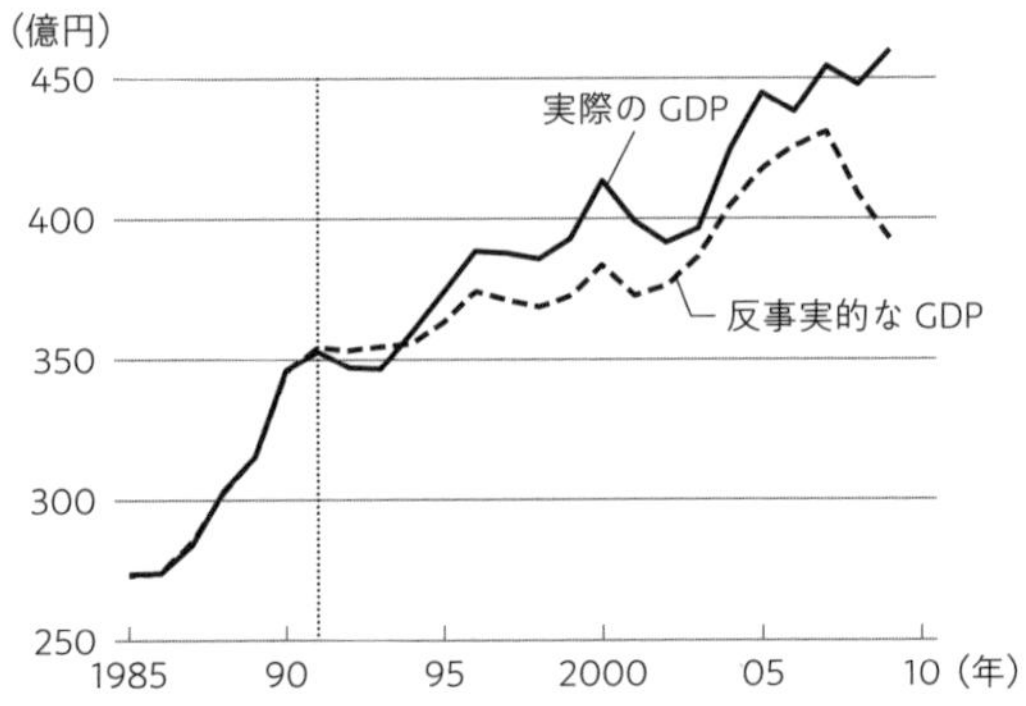

（出所）図表 8 - 5 と同じ。

図表 8 - 7　付加価値額（建設業）の推移

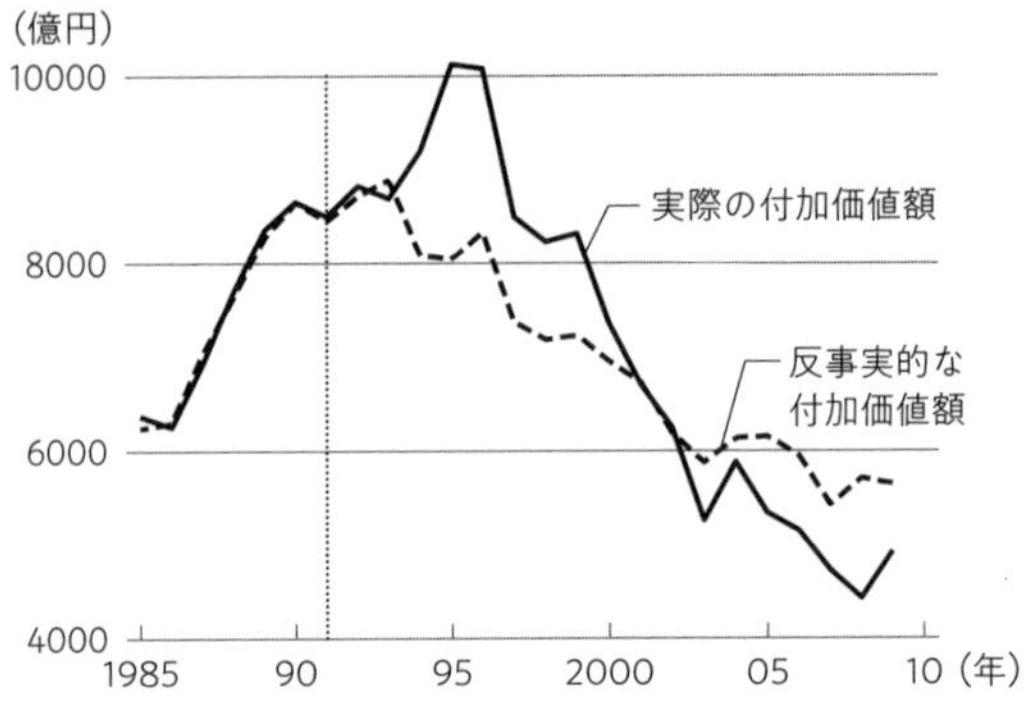

（出所）図表 8 - 5 と同じ。

破線は反事実的な付加価値額の推移を示し、もし長野県でオリンピック・パラリンピックが開催されなかったら観察できると思われる建設業の付加価値額である。最初は実際の付加価値額よりも低いが、2001年以降になると反事実的な付加価値額が少し上回っていることがわかる。

図表8-8　付加価値額（サービス業）の推移

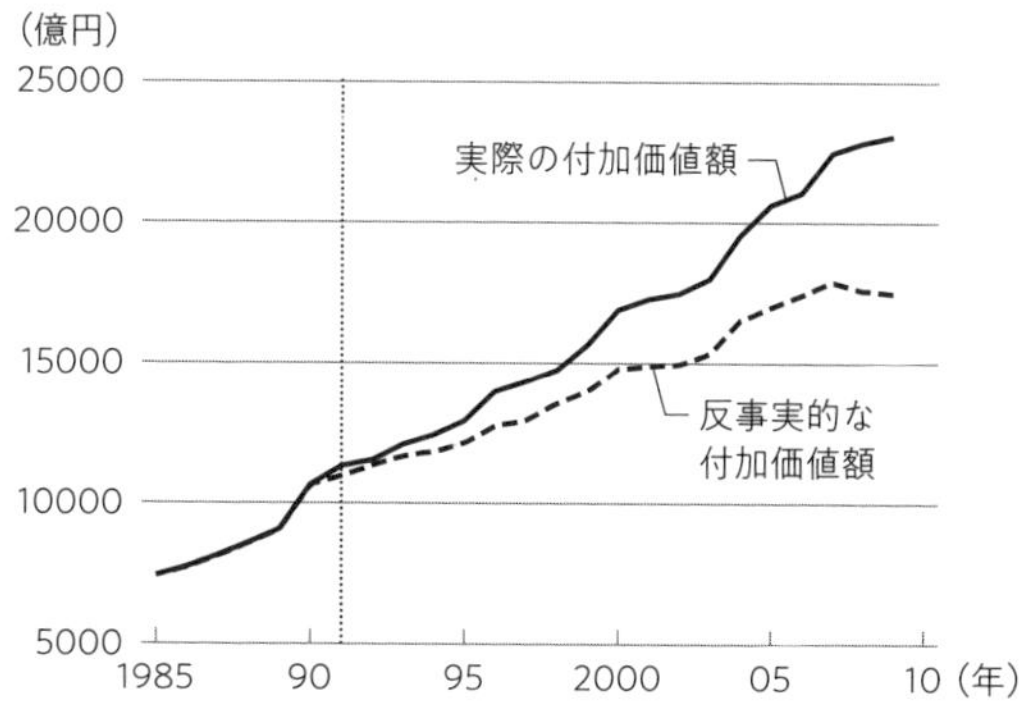

（出所）図表8-5と同じ。

最後に、サービス業の業績の推移を観察しよう。図表8-8からサービス業の付加価値額は増加傾向にあることがわかる。そして、実際に観察された付加価値額は反事実的な付加価値額を上回っているので、オリンピック・パラリンピック開催はサービス業の業績にプラスの効果があったことがわかる。サービスに対する消費の波及効果が長く続いていたと考えられる。

本研究の留意すべき点として、オリンピック・パラリンピック大会がもたらす経済効果がある地域を長野県に限定していることである。長野県の県外まで経済効果が波及しないことを前提としているが、このように経済効果の波及範囲を決めるのは恣意的であるのはいうまでもない。多くの競技が長野市を中心に長野県北部で開催されたので、長野県南部よりも長野県北部と県境となる他県の地域に経済効果があった可能性は十分に考えられる。また、日本の玄関口である東京や長野県までの高速道路沿いや長野新幹線の沿線近くの地域にも経済効果があったかもしれない。このように、オリンピック・パラリンピックの経済効果があった地域、なかった地域を厳密に見分けるのは難しい。本章で紹介した研究では、細分化された地域別データが都道府県単位だったので、長野県に及ぼす経済効果に着目した。

財政への影響

次に、長野オリンピック・パラリンピック大会開催に伴う財政負担について考えよう。「長野市の財政状況」（２０１０年）によると、長野市の市債（市が発行する債券）による借入額は１９９２年時点で１２７億円であった。[6] これが次の年になると3倍以上に増えた。その結果、１９９２年時点で残高は７３１億円、１９９７年時点で１９２６億円と雪だるま式に増えていった。この残高を誰が負担するのかというと、もちろん長野市民である。市債は市によって発行されるので、市民が納める税金によって返済されるわけだ。

市が国などから借り入れた資金の返済に使われる公債費も１９９２年には77億円、２００４年には２４４億円と増えた。アリーナや競技施設などのオリンピック関連施設の建設やインフラ整備のために工面した借入金の規模は、長野市の経済規模からすると大きい。

ただ注意したいのは、必ずしもこれらの負債すべてが長野オリンピック・パラリンピック大会の経費によるものというわけではない。恒常的に進行する高齢化により、社会保障・医療費が増えたという側面を忘れてはいけない。

どこまでをオリンピックの便益、費用と考えるのか？

われわれの研究結果から、長野オリンピック・パラリンピック大会の開催が長野県にもたらす経済効果そのものはあまり大きくなく、地域のＧＤＰは増えるが、人口一人当たりのＧＤＰに換算したら、それほど効果がないという結論となった。この研究結果から推察するに、負債を多く抱えるだけで、経済的な便益だけを考えるとオリンピックやパラリンピック大会の効果はあまり大きくないといえる。しかし、そう結論づける前に、オリンピックやパラリンピック大会がもたらす「便益」と必要な「費用」の定義や測り方について経済学的に注意深く検討する必要がある。

オリンピックやパラリンピックの開催が国民にもたらす便益というのは、必ずしも金銭的に測れるものばかりではない。オリンピックやパラリンピック大会のようなメガ・イベントの開催によってもたらされる便益として、インフラ整備や競技施設建設による雇用創出や国内外からの観光客による消費の増加だけではない。**オリンピックやパラリンピック大会のホストとなることで人々の帰属意識を高め、そして国民に喜びや誇りを与えるかもしれない。その喜びや誇りを金銭的な価値に**

換算したものを便益として加えるべきであろう。

ジャイルズ・アトキンスらは、アンケート調査から人々の支払意思額を測る仮想評価法を使ってロンドン・オリンピック・パラリンピック大会の開催から得られる誇りや喜びを金銭的価値に換算した。[7]オリンピックが開催される前に収集した3地域（ロンドン、マンチェスター、グラスゴー）のデータを利用した彼らの研究によると、ロンドン大会の開催から得られる喜びや誇りの価値は10年間にわたって20億ポンド（約３０２０億円、27・4億ドル）に相当すると発表した。オックスフォード・エコノミクスによると、ロンドン・オリンピック・パラリンピック大会に伴う建設ラッシュや観光客の増加により、イギリスの国内総生産（ＧＤＰ）を12年間にわたって１６５億ポンド（約2.5兆円、２２６億ドル）押し上げた、と報告した。[8]したがって、大会開催によってイギリス国民が感じる喜びや誇りの金銭的価値は国内総生産の12％に相当することになり、それなりに大きいことがわかる。

そうなると、これまではオリンピックやパラリンピック大会がもたらす経済的・金銭的な便益だけしか見てこなかったので、全体の便益を過小に評価していた可能性がある。ただし、仮想評価法から喜びや誇りを金銭的な価値に正確に換算することは、それほど簡単ではない。どの地域の誰に、どのタイミングで調査をすればよいのかなど検討すべき課題は多い。

次に費用の計上の仕方について考察しよう。オリンピック・パラリンピック大会の開催に必要な費用というのは、大きく分けて三つあり、一つ目が大会に伴うサービスにかかる費用、二つ目が新国立競技場のような大会に関係する施設の建設費用、三つ目は事務的なコストである。そういうものを合算したものが、図表8－1で見た費用となっている。

実は、それは費用として正確ではない。正しくは、右記の費用から「オリンピック・パラリンピック大会が開催されなかった場合に負担しなければいけない費用」を引いたものが、正確なオリンピック・パラリンピック大会開催に必要な費用を示す。そもそも、国立競技場は老朽化していたので、オリンピック・パラリンピック大会があろうがなかろうが、じきに建て替えなくてはいけないことになっていた。そうだとすれば、新国立競技場の建設費用をそのままオリンピック・パラリンピック大会に伴う費用として扱ってしまうのは適切ではない。新国立競技場建設の総工費を1500億円とした場合、これがオリンピック・パラリンピック大会開催によって発生する費用でない。たとえば、オリンピック・パラリンピック大会が開催されなくても、建て替えることになっていた国立競技場の建て替え費用を500億円としたら、オリンピック・パラリンピック大会による費用は1500億から500億を引いて1000億円となる。

経済学では、「オリンピック・パラリンピック大会が開催されなかった場合に負担しなければいけない費用」を「機会費用」という。**機会費用を考慮しないと、オリンピック・パラリンピック大会の費用を過大に算出することになる。**

重要なことは、政府は正しい算出方法を踏まえたうえで、費用と便益を算出し、経済効果を把握し、国民にオリンピックやパラリンピック大会のようなメガ・イベントを開催するメリットとデメ

リットを伝えることである。

おわりに

本章では、オリンピック・パラリンピック大会の経済効果について説明してきた。そして、長野オリンピック・パラリンピック大会を例とし、長期的に経済効果があったのかを検証した。その研究によると、長野オリンピック・パラリンピック大会の開催が長野県にもたらす経済効果は限定的で、長野県のGDPは増えたが、人口一人当たりのGDPに換算したらそれほど増えなかったという結論となった。

2020東京オリンピック・パラリンピック大会の開催による経済効果の規模はどれくらいなのだろうか。日本銀行の調査統計局グループによると、2015年から2018年の期間において実質GDP成長率を毎年0.2～0.3%ポイント押し上げる効果があると発表した。[9] 2017年4月、東京都は招致が決まった2013年から2030年までの18年間で、東京都の需要の増加額は14兆円になると発表した。[10] 内訳は、施設整備、運営費、消費支出などの直接的な需要増加額が約2兆円、そして大会関連のインフラ整備、スポーツ振興やスポーツ人口の増加、観光需要の拡大などによる需要増加から生じるレガシー効果が約12兆円である。さらに、投資や消費が生産を増やし、それが新たな投資や消費を増やすといった波及効果も考慮に入れると、経済効果は全国で32兆円、東京都だけでも20兆円になると試算した。

しかし、新型コロナウイルスの感染拡大により、オリンピック・パラリンピック大会の開催は1年延期された。2020年12月の時点で大会組織委員会は、延期による追加分の費用は2940億円と試算した。さらに、2021年3月に外国人観客の受け入れを断念することが決定した。彼・彼女らに返却するチケット代、彼・彼女らが訪日した際に支出するはずだった宿泊費、食費、交通費がなくなってしまう。野村総合研究所の木内登英の試算によると、外国人観客が来日しないことで生じる経済損失は約2000億円であるという。[11] ところが、大会開幕までほぼ2週間と迫った7月8日に、政府は東京、神奈川、千葉、埼玉の1都3県の会場すべてを無観客にすることに決めた。国内観客受け入れ断念は、さらに経済損失を拡大させると考えられる。

これまでは便益といっても経済的・金銭的な便益しか考慮していなかった。本来ならオリンピック・パラリンピック大会を開催することで、人々が感じる喜びや誇りも便益の一部として含めるべきであろう。とはいうものの、喜びや誇りのような非金銭的な便益を金銭的に換算することは難しい。ただ、非金銭的な便益が無視できないほどに存在するということだけは認識すべきだ。

オリンピックやパラリンピックでは世界から多様な一流選手が集結して、技を競い合う。われわれは彼・彼女らが懸命に競技に挑む姿に感動し、競技が終わればお互いに健闘を称え合う姿に多様性と調和性を尊重することの重要性を改めて感じる。**そのような感動と多様性・調和性の尊重という思いが、レガシーとして人々の心に残るのであるなら、経済効果だけを判断材料にして大会が成功したか否かを決める必要はないだろう。**新型コロナウイルスの感染拡大防止のために観客の受け入れを見送っても、大会のために練習してきた参加選手のパフォーマンスの質、そしてそのパフォーマンスがわれわれに与える感動に大きな違いはないはずだ。

コラム⑧　因果効果の推定方法

長野オリンピック・パラリンピック大会の経済効果を推定するのに、アルバート・アバディらによって開発されたsynthetic control method（ＳＣＭ）という手法を採用した[12]。syntheticとは「合成の」という意味で、介入がなかった場合の反事実的な事象を人工的に作り出し、介入があった場合の事実的な事象と比較することで、介入効果を推定する方法である。

長野オリンピック・パラリンピック大会の場合、開催による長野県のＧＤＰは実際に観察できるが、オリンピック・パラリンピック大会がなかった場合の長野県のＧＤＰは観察できない。そこで、他の46都道府県のＧＤＰデータを「合成する」ことで、反事実的な長野県のＧＤＰを作成する。オリンピック・パラリンピック大会の招致前、１９９１年以前のデータを使い、46都道府県のデータに重み付けをすることで、実際の長野県のデータと重なるようなデータを作成する。そして、その重み付けを１９９１年以降の46都道府県データに適用して、「反事実的」な長野県ＧＤＰデータを作成する。これは、長野県でオリンピック・パラリンピック大会が開催されなかった場合に実現されたであろうＧＤＰの時系列データとなる。

アバディらは、1988年にカリフォルニア州に課されたタバコ管理規制がタバコの消費に与える影響を推定した。カリフォルニア州以外に厳選された38の州のデータに加重をかけて合成することで、カリフォルニア州に規制を設けなかった場合の反事実的なタバコの消費データを作成し、実際に規制が課されたカリフォルニア州のタバコ消費量と比較した。

ウィリアム・デュポンとイラン・ノイは、阪神・淡路大震災がもたらす経済的損失をSCMを使って推定した[13]。この場合、兵庫県を震災被害地域、兵庫県以外を震災の被害がなかった地域と区分けした。兵庫県以外の都道府県のGDPデータに加重をかけて合成することで、兵庫県に震災が発生しなかった場合の反事実的な仮想データを作成し、被災した兵庫県の実際のGDPデータと比較して、震災による経済損失を算出した。

SCMにおいて介入効果を正確に推定するのに重要なことは、反事実的な事象をどこまで正確に作り上げることができるかである。オリンピック・パラリンピック大会が開催されなかった場合の長野県のGDP、タバコ管理規制がなかった場合のカリフォルニア州のタバコの消費量、阪神・淡路大震災がなかった場合の兵庫県のGDPのことである。そのためには、事象が発生した地域を正しく特定する必要がある。しかし、それは研究によって難しい場合がある。本文でも述べたように、オリンピック・パラリンピック大会による効果は長野県のみに限定しているが、そうとは限らない。むしろ、競技が集中した長野市を中心とした長野県北部や隣接する他県の地域を、経済効果の対象地域にしたほうが正しいかもしれない。阪神・淡路大震災も兵庫県だけに被害を及ぼしたわけではない。兵庫県北部よりも大阪市のほうに甚大な被害をもたらしていたかもしれない。ただ、アメリカの場合、州は連邦から独立した主体であり、独自に法案を成立することができるので、タバコ管理規制のように州政府による政策介入は州単位で実施されることになり、政策対象の地域を正確に特定しやすい。

第9章

高齢者のスポーツ参加で介護費用は抑えられるか？

――健康資本投資と健康寿命

はじめに

２０１９年のラグビー・ワールドカップ、そして1年延期され２０２１年に開催された東京オリンピック・パラリンピック大会に続き、これもまた1年延期されることになったワールド・マスターズ・ゲームズが関西を中心に２０２２年5月に開催される予定だ。この大会は生涯スポーツの世界大会であり、子どもから高齢者まで全世代にスポーツの楽しさと重要性を伝え、健康志向型社会の推進役として期待される大会である。参加資格は原則30歳以上であるが、競技別に年齢区分があるので、30歳のほぼ現役のアスリートと60歳のアスリートが同じフィールドに立つことはない。したがって、60歳以上のアスリートでも同じ世代のなかで成績がよければ出場することが可能である。もちろん、パラリンピックに相当する障がい者を対象とした種目も揃えている。

日本は高齢化社会のフロント・ランナーであることはいうまでもない。厚生労働省によると、2019年の日本人男性の平均寿命は81・41歳と香港、スイスに次いで3位、日本人女性では87・45歳と香港に次いで2位であった。男女とも前年よりも平均寿命は延び、高齢化がますます進んでいることがわかる。総務省によると、2020年9月15日の時点で65歳以上の人口は3617万人と過去最多となり、高齢者の比率を示す「高齢化率」は28・7%と、これも過去最高となった。国立社会保障・人口問題研究所によると、このまま高齢化が進むと、高齢化率は2025年には30・0%、2040年には35・3%に上昇し、約3人に1人が高齢者に該当すると推定している。[1]

高齢化が進むことで問題になるのが社会保障の負担増である。寿命が延びるにつれ医療、介護、年金の負担は重くのしかかり、賦課方式を採用する日本では、現役世代が増加する社会保障費の負担を強いられている。

社会保障費のなかでも医療や介護の負担を軽減するためには、高齢者が健康であり続けなければいけない。『令和2年版　高齢社会白書』(内閣府)によると自立した生活ができる年齢を示す「健康寿命」は、2016年の時点ではあるが、男性は72・14歳、女性は74・79歳と平均寿命と大きな開きがあることがわかる。[2]今後、高齢化社会の対策として必要なことは健康寿命を引き上げ、寿命とのギャップを小さくすることであろう。

そのための一つの方法は、スポーツ活動を推進し、高齢者が健康に自立した生活を送れるような「健康資本」を増やすことである。健康資本とは、人的資本と同じような考え方で、健康であることを資本と捉え、病気にならないように、要介護にならないように、スポーツ活動をすることで健康のための投資を行う。その投資のリターンは健康的に自立できる生活といえる。スポーツ庁が2017年3月に策定した第2期スポーツ基本計画では、高齢者を含む多くの国民がスポーツに参加し、「一億総スポーツ社会」の実現をめざし、健康的であることを目標とした。

本章では、高齢者がスポーツ活動に取り組み、健康になることで健康資本を増やし、介護費や医療費を抑制できるのか、もしそうなら高齢者がスポーツに打ち込むことができるような仕掛けや環境はどうすればよいのかを検討する。

高齢者のスポーツ参加の現状

まず、現時点でどれほどの高齢者がスポーツに参加しているのであろうか。スポーツ庁による18歳から79歳までの男女を対象にした「スポーツの実施状況等に関する世論調査」（2016年から2019年まで）の内容を紹介しよう。[3] 図表9－1は週1日以上運動を実施した回答者の割合の推移を全世代平均と中高年者年齢別で示している。

全世代平均では、2016年は42・7％、2019年は53・5％と徐々に上昇している。

図表９－１　週１日以上運動実施率の推移

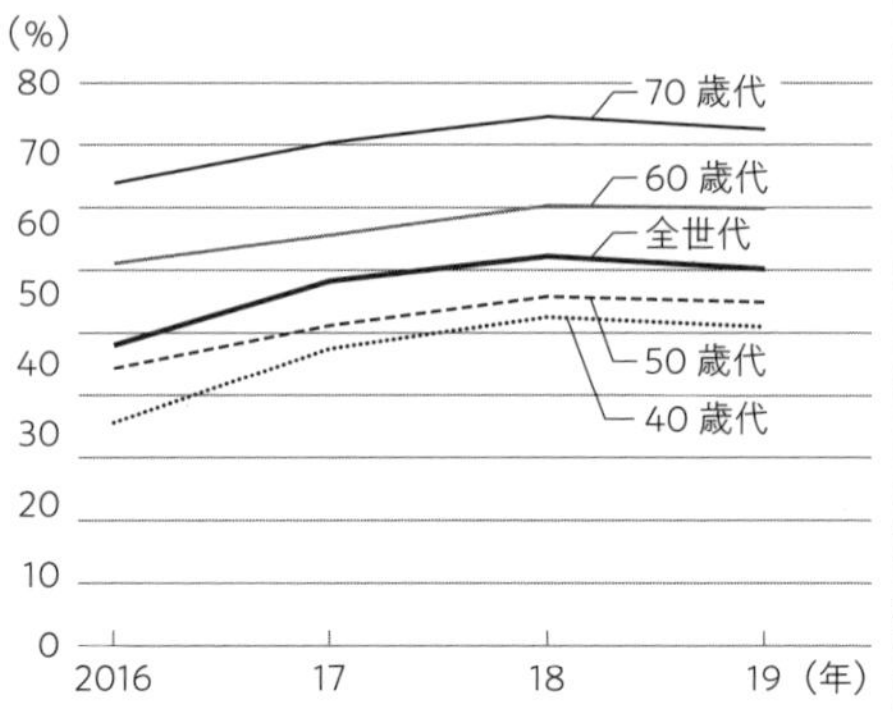

（出所）　スポーツ庁「スポーツの実施状況等に関する世論調査」(2016－19 年)。

２０１８年から２０１９年にかけて低下しているが、総じて運動実施率は上昇傾向にあるといえる。では、60歳代と70歳代に目を向けてみよう。これらの年齢階級の運動実施率は２０１６年から２０１９年までのいずれも全世代平均を上回っており、しかも、70歳代は60歳代よりも運動実施率が高いこともわかる。２０１９年時点で60歳代の運動実施率は62・１％であったが、70歳代の運動実施率は73・３％と10％ポイント以上高い結果となった。

その一方で、40歳代と50歳代の運動実施率は２０１６年から２０１９年まで一貫して全世代平均よりも低かった。現役世代は仕事や生活で忙しく、スポーツをする時間が確保できないのであろう。

次に、運動頻度が高い人に限定して年齢階級別の運動実施率を概観しよう。図表９－２は週３日以上運動を実施した人の割合の推移を示す。

当然ながら、週３日以上としたので、運動実施率は全体的に低下している。２０１９年時点の全世代平均の運動実施率は27％と、だいたい４人に１人が週３日以上運動をしていることになる。図

表9－1と同様、60歳代と70歳代の運動実施率は全世代平均を上回っている。2019年を見ると、60歳代の運動実施率は34・2％、70歳代はそれを12％ポイント上回る46・1％であった。70歳代の場合、彼・彼女らの半分弱は週3日以上も運動していることになる。反対に40歳代、50歳代は図表9－1と同様に運動実施率は相対的に低く、全世代平均を下回っている。

図表9－2　週3日以上の運動実施率の推移

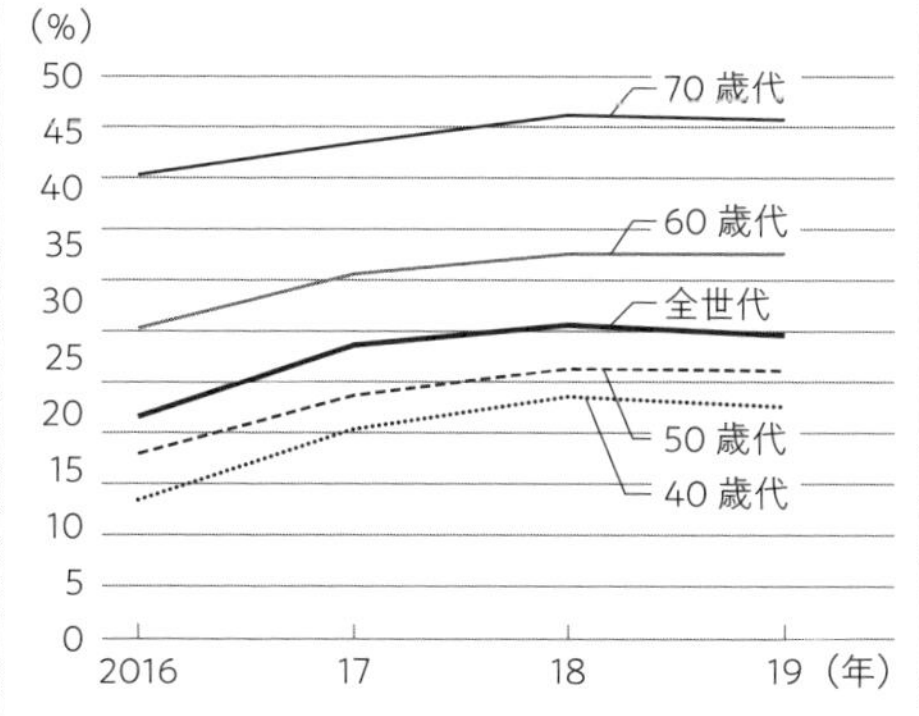

（出所）図表9－1と同じ。

では、60歳代や70歳代はどのような運動をしているのであろうか。「スポーツの実施状況等に関する世論調査」での回答者は、この1年間にどのような運動をしていたかを複数回答している。2019年に限ると、60歳代、70歳代の多くの人は「ウォーキング」と回答している（60歳代：63・8％、70歳代：72・6％）。そのほかに、回答の割合が上位の運動は、「階段昇降」（60歳代：13・8％、70歳代：19・3％）、「トレーニング」（60歳代：13・0％、70歳代：13・2％）、「体操」（60歳代：15・9％、70歳代：21・2％）であった。60歳代、70歳代は運動する頻度は他の世代より高く、健康資本への投資に熱心であるが、運動強度はそれほど強いものではないことがわかる。取り組む運動は、競技系の種目ではなく、軽いエクササイズ系の種目であり、健康増進・維持を主な目的にしていると予想される。

スポーツは介護費用を抑制するか?

定期的にスポーツに励むことで、要支援・要介護の期間が短くなったり、介護が必要となっても要介護度が軽度であったりして、できるだけ健康で自立した生活を維持することができるだろうか。すなわち、健康資本への投資のリターンは十分に大きいのであろうか。もしそうなら、要介護認定期間が短くなったり、要介護度が低かったりすることは、本人だけでなく、国全体として介護費用の抑制につながるので、高齢者へのスポーツ振興は社会保障政策の観点から非常に重要な取り組みといえる。

高齢者の健康リスクとそれを軽減する介護予防策について研究に取り組んでいる大型プロジェクトの一つが日本老年学的評価研究(JAGES)である。[4] JAGESは横断的な学術研究プロジェクトであり、参加する研究者の専門分野は公衆衛生学、社会福祉学から社会学、都市計画学と幅広い体制となっている。そのプロジェクトから報告された研究をいくつか紹介しよう。

まず、斉藤雅茂らの研究は、愛知県内のある地域(市)において2006年3月の時点で要介護認定を受けていない65歳以上の高齢者を対象に、彼・彼女らの生活スタイルと健康・要介護状態を

図表9-3　2006年時点で活動参加者の要介護期間（月数）

		要介護・要支援
趣味	まったくなし	14.1（25.8）
	週1回以上	10.6（21.8）
スポーツ	まったくなし	13.7（25.1）
	週1回以上	7.2（18.1）
ボランティア	まったくなし	12.9（24.4）
	週1回以上	6.4（17.5）

（注）カッコ内は標準偏差。
（出所）Saito et al.（2019）の Table 2 から抜粋。

その後11年間にもわたって追跡調査を行った。[5] この研究では高齢者の活動を、①趣味のクラブ（たとえば、パソコン、囲碁、絵画などの教室）に参加している人、②スポーツ・クラブに参加している人、③ボランティア活動のクラブに参加している人、の3種類に分け、活動に参加していない人に比べて11年間で要介護期間や介護費が異なるかを検証した。

図表9-3から、②スポーツ・クラブに参加している人（少なくとも週1回参加している人）の平均要介護期間は7・2カ月であるのに対して、スポーツをしていない人の平均要介護期間は13・7カ月となり、スポーツに参加することで6・5カ月短くなったことがわかる。**そして、11年間累積した一人当たりの介護費用を比べると、週1回以上スポーツの会に参加している人は、まったく参加していない人よりも61万円少なくなると推定した。**[6]

①趣味のクラブに参加している人の場合、③ボランティア活動のクラブに参加している人の場合、参加していない人に比べて平均要介護期間は、それぞれ3・5カ月、6・5カ月短い結果となった。そして、11年間累積した一人当たりの介護費用では、週1回以上趣味のクラブに参加している人は

まったくクラブに参加していない人よりも35万円少なかった。週1回以上ボランティア活動に参加している人と、まったく参加していない人とを比較した場合、平均介護費用に総計的な意味で違いはなかった。

斉藤らは、研究対象地域において、週1回以上スポーツ・クラブや趣味のクラブに参加する人数がそれぞれ10％増えたらどれくらい介護費用の抑制につながるかも推計した。その結果、それぞれ約8000万円ずつ介護費用を抑制できると算出した。[7] **つまり、スポーツ・クラブ、趣味のクラブの参加人数をそれぞれ10％増やせば、1億6000万円分の介護費用を抑制することが可能となると結論づけた。**

この斉藤らの研究では、愛知県内のある特定の地域（市）の高齢者に限った分析なので、その結果が他の地域の高齢者にも当てはまるのかどうかまでは保証されていない。そこで、斉藤らの研究のように個人の介護需要やスポーツ等の活動状況を追跡した分析ではないが、伊藤大介らの研究は2016年に全国から調査に協力してくれた91の市区町別の集計データから、高齢者の活動実態と要支援・介護認定率の関係を検証した。[8]

分析の結果、ボランティア、趣味関係、スポーツ、介護予防・健康づくりのクラブ、そして町内会・自治会に参加している比率が高い地域ほど要介護認定率は低かった。また、スポーツと趣味関連の活動に限ると、人口密度の高い都市部ほど、その関係が顕著に見られた。[9] 都市部ほどスポーツや趣味に取り組める環境が整っていたり、健康に対する意識が高かったりするために、健康資本への投資が熱心に行われ、その結果、要介護認定率が低くなったと推測される。
スポーツに取り組むといっても、クラブに参加しなければいけないのであろうか。筋トレをしたり、ウォーキングやジョギングしたりして一人でスポーツに励むのも立派な健康資本への投資である。2012年に発表された金森悟らの研究によれば、できれば、クラブに参加したほうがよいという結果を示した[10]。彼らはスポーツ・クラブに参加して仲間と一緒にスポーツに励む高齢者に比べて、一人でスポーツに取り組む高齢者が偶発的な事故によって能力障害に陥ってしまう確率は29％高いと報告した[11]。それでも一人で筋トレしたり、ウォーキングやジョギングしたりすることで健康リスクは一定程度軽減する。一人でもスポーツをしている高齢者はスポーツをしない高齢者と比べて能力障害に陥る確率は22％低い結果となった[12]。

では、なぜ一人よりもクラブの仲間と一緒にスポーツをしたほうが、より能力障害に陥る確率が減るのだろうか。**考えられる説明として、クラブを通じて友人と交流すること、つまり社会とつながりを持つことで、友人と会話することと体力向上することが相乗効果となって、より効率的に健康リスクを軽減することができるからであろう。**

2014年発表の金森悟らの研究はスポーツだけでなく、趣味に関するクラブや自治会のような地域の活動に従事する高齢者でも同様に、偶発的な事故によって能力障害に陥る確率は低くなることを示した[13]。趣味に関するクラブ活動をしている高齢者は、何もしない高齢者に比べて25％能力障害に陥る確率が低くなり、地域の活動の場合では、その確率は15％低くなった。他方、スポーツ・

図表9-4　スポーツ活動とソーシャル・キャピタル

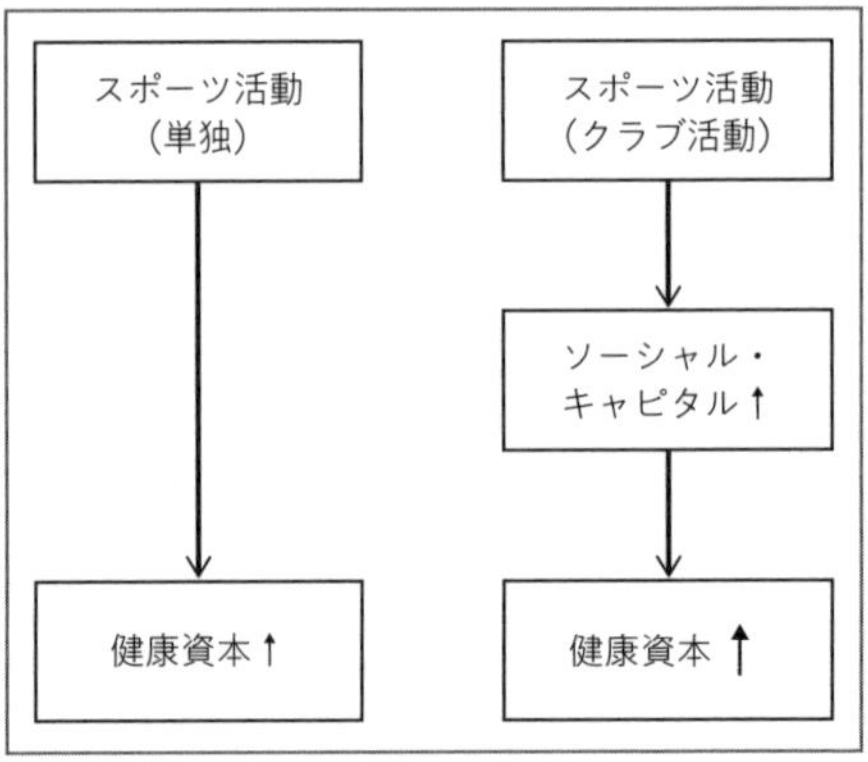

クラブでの活動の場合、何もしていない高齢者と比べて36％も低い結果となった。**さまざまな活動を通じて社会とのつながりを保ち、友人や仲間と交流することによって健康を維持し、自立した生活を送れることができ、とくにスポーツによるクラブ活動が有効であることがこの研究からわかる。**[14]

社会とのつながりを含めて、互恵性、信頼性、社会規範による人と人との結びつきが強い社会では、近所や友人との付き合いが深くなり、困ったときには助け合い、お互いを思いやる行動ができる。そのように社会において人々と結びつくことができる能力のことを「ソーシャル・キャピタル」（社会資本）という。[15] 井手一茂らの研究では、ソーシャル・キャピタルが豊かな人ほど要介護リスクは抑制されるという結果を報告した。[16]

第1章で、スポーツ活動をしている人ほどソーシャル・キャピタルが豊かであると紹介した。したがって、図表9-4が示すように、スポーツ活動をすることで、健康的な生活を送れるが、クラブ活動を通じてソーシャル・キャピタルを蓄積しながらスポーツに励むほうがより健康的になれると考えられる。

最後に、高齢者はどのスポーツ種目を選び、その種目は本人の健康リスクを抑制しているのかを検証した研究を紹介しよう。2019年に発表された辻大士らの研究によると、調査した65歳以上の男性6万2224人のうち33・6%、女性6万6871人のうち37・4%はスポーツ・クラブに参加し、スポーツに励んでいると報告した。[17] 男性のなかで一番多くの人が参加しているスポーツはゴルフ（11・3%）、2番目がウォーキング（8・4%）、3番目がグランド・ゴルフ（6・3%）であった。女性の場合、参加しているスポーツは上位から体操（13・8%）、ウォーキング（8・3%）、筋トレ（6・2%）となった。[18] そして、ゴルフをする男性とウォーキングをする女性は主観的であるが、自分自身の健康状態は良好と回答した。ここでいう健康指標は、「主観的健康度」「抑うつ」「笑いの頻度」の三つで測られている。

総じて、スポーツをしている高齢者ほど健康で要介護リスクが小さいといえるので、スポーツという健康資本への投資のリターンは十分にあると解釈できる。しかも、一人ではなく、クラブに入会し、仲間と一緒に体を動かしたほうがソーシャル・キャピタルが豊かになり、社会的なつながりが健康維持をより効果的なものにすることがわかった。また、スポーツだけでなく、趣味関連のクラブや自治会のような地域活動でも、スポーツと同様、要介護リスクが抑制されることも、これまでの研究からわかっている。

どのようにしてスポーツに参加するように仕向けるか？(1)――投資費用の削減

　これまでの研究から、高齢者にとってスポーツと要介護リスクとの間には強い相関がありそうなことがわかった。そうなると要介護リスクを抑制するためには、スポーツに取り組むよう高齢者を促せばよいことになる。言い換えれば、もっとスポーツ活動を通じて健康資本への投資を増やしてくれるように誘導すればよい。しかし、ここで注意したいのは、スポーツと要介護リスクとの間に相関があるといえても、スポーツを実践することで要介護リスクが抑制されるという因果関係があるとまで言い切るのは難しいことである。

　純粋にスポーツ活動が要介護リスクに及ぼす影響を探りたいのなら、調査に参加する高齢者を無作為にスポーツを実践するグループと、そうではないグループに分けて、要介護リスクの指標が2グループ間で異なるのかを検証すべきであろう。[19] 一般的なアンケート調査の場合、スポーツに参加すること、またはボランティアや趣味関連の活動をすることは、研究者によって無作為に割り当てられたのではなく、回答者が自分で選択したものなので、第1章で説明した「見せかけの相関」によるバイアスが懸念される。健康な高齢者ほどスポーツに励むので、要介護リスクを抑制できたのはその人がスポーツに参加したからだけではなく、もともと健康で、しかも健康維持の意識が高かったからとも考えられる。そうなると、要介護リスクに対するスポーツの効果を過大に評価することになってしまう。

そうはいっても、多数の高齢者を集めて無作為にスポーツ等の活動を割り当てて、要介護リスクの軽減度合いを長期にわたって検証することは、時間的・研究費的な制約上、無理である。ただ別の方法の一つとして、第2章で紹介した操作変数法がある。

しかし、無作為に割り当てて無理にスポーツに参加させることで、スポーツがもたらす要介護リスクへの効果を検証することに、それほど意味はないことに注意しなければならない。無理にスポーツをさせたところで、健康が増進するわけがないことは明白である。**むしろ、いかにして健康維持・増進の重要性に気づかせ、それを達成するための手段となるスポーツに取り組むように促すためには、どうすればよいかを考えることが重要である。**そのためには、スポーツ活動という健康資本への投資を阻む費用と、その投資がもたらすリターンを明確に整理し、それからスポーツ参加を促進するためには、どのようにすればよいのかを検討すべきであろう。

まずはスポーツに参加することによる費用としては、①金銭的費用、②心理的費用、③時間的費用が考えられる。各費用の説明と削減するための対策を図表9‐5にまとめておく。

金銭的費用は、一番わかりやすく、フィットネス・クラブの会費や必要な用具にかかる直接経費のことを意味する。年金を主な収入として生活している高齢者にとっては負担が大きいと思われる。

心理的費用は友人や仲間との関係性に関わる費用のことである。スポーツ・クラブに友人や知り合いがいないなか、いきなり参加することは心理的にハードルが高いと感じてしまい、つい参加す

図表9-5　スポーツ実施の費用

費用	内容	対策
①金銭的費用	•フィットネス・クラブの会費 •用具の購入費などの直接経費	•スポーツ振興事業に対する支援 •総合型地域スポーツクラブ事業の展開と普及により地域 NPO 法人の参入促進
②心理的費用	•友人や仲間との関係性に関わる費用 •誰も知り合いがいないスポーツ・クラブに参加する際に感じる心理的ハードル	•友人や家族を誘ってスポーツ・クラブに入会 •スポーツ・クラブによる体験プログラムの実施
③時間的費用	•スポーツを選んだために他の活動を楽しむことを犠牲にすること •スポーツ施設までの移動時間	•総合型地域スポーツクラブ事業の展開と普及により地域 NPO 法人の参入促進

ることを躊躇してしまう。

時間的費用はスポーツ・クラブに参加することに伴う費用のことである。ショッピングやテレビ観賞など、ほかのことに時間を割くことができたのにスポーツを選んだので、それらの楽しみを犠牲にしてしまうことを意味する。[20]

地理的要素は時間的費用を決める重要な要素の一つである。たとえば、自分の居住場所からフィットネス・クラブまで遠い場合、移動時間を含めてスポーツ活動する時間は長くなるので、時間的費用は高いといえる。

高齢者にスポーツを促すには右記3タイプの費用を削減するような対策を考えればよい。

①金銭的費用を削減するための方法とし

て、最初に思いつくのはスポーツ事業に対して助成するような支援であろう。高齢者も含めて人々が手軽にスポーツに親しめるようにと始められた総合型地域スポーツクラブ事業では、スポーツ庁の助成をもとに、地域のNPO法人がスポーツ振興と地域づくりを目的に全国で展開している。そのようなNPO法人が運営するスポーツ・クラブの参加費はそれほど高くないので、手軽に参加することができそうだ。そのほかに、オリンピック・パラリンピックの開催都市である東京都では、シニアスポーツ振興事業として60歳以上の参加者を対象としたスポーツ大会や講習会を主催する地域スポーツ・クラブに補助金を与えている。

スポーツ・クラブやフィットネス・クラブに参加する高齢者を対象とした直接的な助成ではないが、平日昼間限定のように時間帯を制限することで、月会費を下げてサービスを提供する民間のフィットネス・クラブがある。比較的人が少ない平日の昼間に時間の余裕のある高齢者に来てもらうように促すのが企業の戦略である。なかには、自治体と連携して地域の高齢者を対象とした介護予防のプログラムを開発・実施している民間のフィットネス・クラブもある。

②心理的費用を下げるには、スポーツ・クラブへ参加するための心理的なハードルを下げる必要がある。一つの解決策としては、友人や家族を誘って参加することであろう。そうすれば気後れせずに参加することができる。一緒に参加してくれる友人や家族がいなくても気軽に参加できるように、スポーツ・クラブは積極的に体験プログラムや見学会を実施するのも、心理的費用の削減につながるであろう。

③時間的費用の削減に関しては、スポーツしている時間を削るわけにはいかないので、削るとすれば移動時間であろう。そのためには、身近にスポーツをする機会や施設があればよい。先ほど取り上げた総合型地域スポーツクラブは2020年の時点で全国に3594カ所（準備中も含む）ある。[21] 総務省の資料によると、全国の市町村数は1718なので、1自治体当たり平均2カ所となる。[22] 総合型地域スポーツクラブ数が今後増え続ければ、もっと手軽にスポーツを楽しむ機会が増えるであろう。そのためには、総合型地域スポーツクラブ事業を広く展開し、運営するNPO法人の参入を促すべきだと考える。

どのようにしてスポーツに参加するように仕向けるか？(2)――投資リターンの増加

次にスポーツ参加という投資によるリターンを整理しよう。**リターンとして一番重要なのは、①健康維持と向上、そして②ソーシャル・キャピタルを増やし、社会とのつながりを保てることである。**図表9－6にリターンの内容と対策をまとめておく。

では、リターンを高めるにはどのような対策が必要であろう。スポーツが健康維持や増進に寄与することは参加すれば実感するだろう。問題はスポーツをまったくしていない高齢者にスポーツを始めるように促し、参加させることである。そのためには、まずスポーツの効果に関する情報の伝達と共有が重要である。多くの高齢者にとって、テレビが情報伝達の媒体として重要な役割を果た

図表 9 - 6　スポーツ実施の便益

リターン	内容	対策
①健康維持・増進	• 定期的なスポーツ活動から健康を維持できる，または増進できる。	• テレビなど情報媒体を利用して，健康維持・増進に対するスポーツの効果を喧伝。 • 東京オリンピック・パラリンピックをスポーツ振興の旗振り役にする。 • 高齢者予備軍（50 歳代）からスポーツの重要性を認識させる。
②社会とのつながり	• 社会とのつながりによる居心地のよさを享受するのは自分だけでなく，相手も同じであることを見落としてしまう。 • スポーツが社会全体にもたらす便益を過小評価してしまう（外部性の問題）。	• 個人の選択と社会全体として最適な選択にズレがあり，それを修正するために行政の介入は正当化される。 • 身近に総合型地域スポーツクラブを設立し，手軽に参加できるようにする。 • 体験プログラムを実施することで参加のハードルを下げる。

している。そのなかで健康に関する番組は高齢者の視聴率が非常に高い。[23]

そこで、健康維持・増進のためには運動を定期的にすることが有効であると頻繁に伝えると、スポーツを実践してみようとする高齢者が増える可能性がある。

また、今回自国開催となった東京オリンピック・パラリンピック大会を契機としてスポーツ振興を推し進め、健康的な生活を送れるスポーツ大国をめざそうとするキャンペーンが広まった。これを機にスポーツをやってみようかなと思い始める人々が増えることを期待する。

高齢者だけでなく、高齢者予備軍の50歳代にも早くからスポーツによる健康資本の蓄積の重要性に気づかせるべきだろう。先ほど紹介した「スポーツの実施状況等に関する世論調査（令和元年度）」（スポーツ庁）によると、2019年において週1回以上スポーツをしている人の割合は、60歳代が62・1％、70歳代が73・3％に対して、50歳代が48・8％と半分以下しか日頃スポーツをしていない。[24] まだまだ自分は健康だし、仕事が忙しくスポーツのための時間がとれないという思いからスポーツをする割合が低いと思われるが、健康維持は若いころから意識すべきであろう。

次に、②のソーシャル・キャピタルの醸成により、社会とのつながりを持つことで得られるリターンについて考察する。地域のスポーツ・クラブに参加することで、新たな友人と信頼関係や互恵関係を築き、自分の居場所を見つけることで社会とのつながりを持つことができる。そうすることで、居心地の良さを感じることになる。

ここで注意したいことは、自分がそう感じるということは、スポーツ・クラブを通じてつながっている相手も、同じように居心地の良さを感じているということである。ただ、相手が感じる居心地の良さを考慮しないで、自分だけ感じる居心地の良さだけを念頭に置いて、スポーツ・クラブに参加するかを決めてしまうので、スポーツへの投資が社会全体にもたらすリターンの大きさを過小評価してしまう。その結果、社会全体としてスポーツへの投資水準が低くなり、スポーツ・クラブに参加する人が社会的望ましい水準よりも少なくなってしまう。これは第7章で紹介した「外部性」の問題である。個人が得られると思っているリターンの総和は、社会全体が得ることができるリターンよりも小さいことを意味する。

経済社会に外部性が存在するとき、個人の選択は社会全体として最適ではない。したがって、そのズレを修正するために行政の介入は正当化される。この場合、もっと多くの高齢者がスポーツ・クラブに参加することが社会的に最適なので、これまでの議論で述べたとおり、身近に総合型地域スポーツクラブを設立し、手軽に参加できるようにしたり、体験プログラムを実施することで参加のハードルを下げたりすることが必要と考えられる。

おわりに

本章では、高齢化が進むなかで健康資本を増やすための投資としてスポーツが果たす役割を紹介してきた。継続的にスポーツに取り組むことで健康が維持・増進し、高齢者になっても健康で自立した生活を送れるようになり、健康寿命を延ばすことが期待できる。寿命と健康寿命の差を縮めることは、社会保障政策の観点から喫緊の課題といってもよい。高齢者の増加により社会保障に関わる費用が増加傾向にあり、現役世代の大きな負担となっている。社会保障費の削減のためにも、スポーツ活動を通じて高齢者にはいつまでも健康でいてもらいたい。

ところが、昨年からスポーツ活動を阻むものが、新型コロナウイルス感染拡大である。2020年6月に実施された笹川スポーツ財団の調査によると、2019年2月から2020年1月までの期間にスポーツをしていた人のなかで、新型コロナウイルス感染が拡大し始めた2020年2月以降、実施できなくなったスポーツ種目があると回答した割合は56％であった。そのなかで一番割合が高かったのが水泳であった[25]。

前述したように「スポーツの実施状況等に関する世論調査」（スポーツ庁）によると、60歳代、70歳代の人々はスポーツ・運動に励んでいるが、その多くはウォーキングや散歩を日々の運動としている。ウォーキングや散歩なら野外で「3密」になりそうにもないので、新型コロナウイルス感染が拡大してもそれほど運動継続に影響はないだろう。笹川スポーツ財団の調査でも、新型コロナウイルス感染拡大以前、以降のどちらでも60歳代、70歳代が励む運動の上位はウォーキングと散歩であった。

しかし、新型コロナウイルス感染拡大によるスポーツ環境の変化に関する質問で、「普段利用しているスポーツ・クラブやスポーツ施設が休業になった」と回答したのは60歳代が20％、70歳代が26・2％と、他の世代よりも高かった。クラブや施設でのスポーツは健康維持・増進のためだけではなく、スポーツ活動を通じて社会とのつながりを持ち続けることができ、高齢者の孤立化の阻止に貢献している。その「場」となるスポーツ施設の休業は大きな痛手だ。

新型コロナウイルス感染が収束し、スポーツ施設が再開されると、スポーツを通してできた友人とつながりを持てると同時に、健康増進・維持を達成できるので、その相乗効果が老後生活を充実したものにするだろうし、高齢者たちは純粋に日々の生活を送れることの幸せを感じるであろう。早くスポーツの力が発揮できる元の生活に戻ることを切に願う。

おわりに——ウィズ／ポスト・コロナ時代にこそスポーツの力が必要

2020東京オリンピック・パラリンピック大会が閉幕した。開催前、新型コロナウイルス感染の再拡大を懸念して、人流が大幅に増える開催に賛否両論が巻き起こった。読売新聞社が2021年6月4〜6日に実施した全国世論調査によると、50％の回答者が無観客開催と観客を入れての開催を足し合わせた「開催」を支持する一方、48％は「中止」を支持と回答し、開催と中止がほぼ拮抗する結果となった。[1] これほど物議を醸したことのあるオリンピック・パラリンピックがこれまであっただろうか。

コロナ禍で国民が活動の自粛を強いられているときにオリンピック・パラリンピックに出場してよいのか、医療体制の崩壊の危機に直面しているなかでスポーツをやってよいのか、せっかく競技人生を賭けた大舞台に立つのに、このような葛藤を抱えながら競技に挑んだ選手も大勢いたであろう。緊急事態宣言下での大会開催はオリンピック・パラリンピックに対するイメージ、そしてスポーツそのもののイメージを毀損してしまったように見える。

しかし、コロナ禍だからといってスポーツがもたらす力がなくなったわけでは決してない。スポーツが人々の生活にもたらす便益やウェルビーイングはこれまでどおり変わらないし、むしろ、ウィズ／ポスト・コロナ時代という新常態の時代だからこそ、これまで以上にスポーツは重要な役割を担っていくことになると思われる。

本書を通じて、スポーツ活動は社会生活で必要な非認知スキルを習得する訓練の場の一つであると述べてきた。新型コロナウイルス感染が収束しても、コロナ禍以前の生活スタイルに戻るのではなく、新常態の生活スタイルがこのまま定着すると考えられる。会社や学校でもリモートワーク（授業）と対面式ワーク（授業）を組み合わせたハイブリッド型のワーク（授業）スタイルが定着するだろう。そうなると、友人、先生、同僚、上司、後輩とは直接会って話をする機会が減り、その代わりに画面を通じたオンラインで話す機会が増えると考えられる。

画面越しの会話では相手の表情や仕草がなかなかわかりにくい。相手が話すトーンから相手の本心を見抜き、円滑に話を進めなければいけない。それができるくらいのコミュニケーションのスキル、相手に配慮する気遣いや協調性、画面越しでも議論をまとめ上げる調整能力やリーダーシップがこれまで以上に求められる。そうなることを踏まえると、これまで以上に非認知スキルの必要性は高まるし、そのスキルの習得手段の一つであるスポーツ活動はもっと重要になってくる。

リモートワークの活用によって働き方が変わってくると、これまでのように満員電車に揺られずに済み、通勤時間を省くことができる。しかし、あまり動かずに自宅の椅子に座り続けて仕事をすることになるので、どうしても運動不足になりがちだ。ただでさえ、運動不足な40歳、50歳代がリモートワークの推進により余計に運動不足になることが危惧される。

また、健康増進に運動が欠かせない高齢者にとってもウィズ／ポスト・コロナの時代では、運動不足になりがちだ。高齢者は感染による重症化リスクが高いので、ワクチン接種をしたとしても、外出することを控える傾向にあるだろう。そうなると感染リスクは低下するが、運動不足により筋力低下や認知能力低下に伴う健康二次被害に遭う可能性が高まる。

これまでもオリンピック・パラリンピックのレガシーの一つとして、スポーツ実施者の増加やパラスポーツの促進が期待されてきた。ウィズ／ポスト・コロナ時代の健康政策の観点から、今回の東京オリンピック・パラリンピック大会ほど、このレガシー効果に期待する大会はなかったのではなかろうか。東京オリンピック・パラリンピック大会後は、感染リスクに十分に配慮しながら、安全・安心にスポーツを楽しめる環境や施設を整備することが求められる。

安心・安全なスポーツ環境を構築し、施設を用意しても、人々がスポーツに自発的に取り組まなければ意味がない。そのように仕向けることができるのは、世界の舞台で活躍するアスリートの存在であろう。今回の東京オリンピック大会から採用されたスケートボード（ストリート）競技で、男子では堀米雄斗選手、女子では若干13歳の西矢椛選手が見事金メダルを獲得した。また女子では、中山楓奈選手が銅メダルも獲得した。早速、その次の日から、公園でスケボーに興じる少年を見かけた。金メダリストの影響力の凄さを垣間見たような気がする。

ボッチャで日本勢初の金メダルを獲った杉村英孝選手のようなパラリンピック・アスリートも、

オリンピック・アスリートを凌ぐほどの感動を与えてくれた。とくに同じ障がいを持った子どもたちには、「自分も頑張れば世界の舞台で活躍できるのではないか」という夢を与えてくれる。その夢が実現できるように、今後さらにパラスポーツを盛り上げていくことが期待される。

スポーツのしやすい環境や施設のようなハードなインフラの整備だけでなく、指導する人材の育成というソフトなインフラ整備も必要だ。中高生の部活動の場合、指導や管理は顧問の教員に頼りきりであり、それが教員の長時間労働の大きな原因であることは第1章で指摘した。さまざまな業務に忙殺される教員の代わりに、引退した元アスリートにセカンド・キャリアとして指導者になってもらうことが好ましい。指導できるスキルを持った人材が、指導者を求めている場で適切に指導することは、社会的に見て効率的な人材配置の実現といえる。

近年、そのような動きがある。たとえば、2021年夏の甲子園で優勝した智辯学園和歌山高校野球部の監督は、阪神、楽天、巨人の3球団で活躍した中谷仁監督である。彼は日本学生野球協会による学生野球指導資格回復制度を利用して資格を取得し、高校の硬式野球部で指導することができるようなった。中谷監督は、高校の職員であって、教員ではない。予算の制約があると思われるが、外部から部活動指導者を職員として採用できれば、教員の負担を減らすことができるだろう。

ウィズ／ポスト・コロナ時代という新常態であろうと、人々の教育、働くインセンティブ、ウェルビーイングにもたらす「スポーツの力」の威力は変わらない。新常態になっても、スポーツの力が十分に発揮できるような社会に発展し続けていくことが重要であろう。

索　引

● た　行

参照文献

井手一茂・宮國康弘・中村恒穂・近藤克則（2018）「個人および地域レベルにおける要介護リスク指標とソーシャルキャピタル指標の関連の違い——JAGES2010 横断研究」『厚生の指標』65 (4) : pp. 31-38

伊藤公一朗（2017）『データ分析の力——因果関係に迫る思考法』光文社（光文社新書）

伊藤大介・斉藤雅茂・宮國康弘・近藤克則（2019）「91 市区町における地域組織参加率と要支援・介護認定率の関連——地域組織の種類・都市度別の分析：JAGES プロジェクト」『厚生の指標』66 (8) : pp. 1-8

乾友彦・中室牧子・枝村一磨・小沢潤子（2014）「企業の取締役会のダイバーシティとイノベーション活動」RIETI Discussion Paper Series, 14-J-055

入山章栄（2019）『世界標準の経営理論』ダイヤモンド社

梅崎修（2004）「成績・クラブ活動と就職——新規大卒市場における OB ネットワークの利用」松繁寿和編著『大学教育効果の実証分析——ある国立大学卒業生たちのその後』日本評論社，第 2 章

太田聰一・大竹文雄（2003）「企業成長と労働意欲」『フィナンシャル・レビュー』(67) : pp. 4-34

大竹文雄・唐渡広志（2003）「成果主義的賃金制度と労働意欲」『経済研究』54 (3) : pp. 193-205

大竹文雄・佐々木勝（2009）「スポーツ活動と昇進」『日本労働研究雑誌』No. 587 : pp. 62-89

荻野勝彦（2007）「企業スポーツと人事労務管理」『日本労働研究雑誌』No. 564 : pp. 69-79

お股ニキ（2019）『なぜ日本人メジャーリーガーにはパ出身者が多いのか』宝島社（宝島社新書）

木内登英（2021）「コラム：木内登英の Global Economy & Policy Insight——東京オリンピック・パラリンピックで海外観客受入れ見送りの場合の経済損失試算」(https://www.nri.com/jp/knowledge/blog/lst/2021/fis/kiuchi/0304) 2021 年 3 月 4 日

久米功一（2010）「危険に対するセルフセレクションと補償賃金仮説の実証分析」『日本労働研究雑誌』No. 599 : pp. 65-81

黒田祥子・山本勲（2013）「ワークライフバランスに対する賃金プレミアムの検証」RIETI Discussion Paper Series, 13-J-004

公正取引委員会（2019）「（令和元年6月17日）スポーツ事業分野における移籍制限ルールに関する独占禁止法上の考え方について」（https://www.jftc.go.jp/houdou/pressrelease/2019/jun/190617.html）
公正取引委員会競争政策研究センター（2018）「人材と競争政策に関する検討会報告書」（https://www.jftc.go.jp/cprc/conference/index_files/180215jinzai01.pdf）
厚生労働省（2021）「令和2年　障害者雇用状況の集計結果」（https://www.mhlw.go.jp/stf/newpage_16030.html）
佐伯年詩雄（2017）「企業スポーツの現在を考える――変化する経営課題と企業スポーツの展望」『日本労働研究雑誌』No. 688: pp. 58–71
笹川スポーツ財団（2018）「『地域における障害者スポーツ普及促進事業（障害者のスポーツ参加促進に関する調査研究）』報告書」
笹川スポーツ財団（2020）「新型コロナウイルスによる運動・スポーツへの影響に関する全国調査（2020年6月調査）」（https://www.ssf.or.jp/thinktank/policy/covid19_f.html）
佐々木勝（2005）「企業がスポーツチームを持つべきか」『日本労働研究雑誌』No. 537: pp. 46–48
佐々木勝（2014）「企業によるスポーツ支援の有効性――経済学的アプローチからの考察」『家計経済研究』(103): pp. 22–30
佐々木勝（2017a）「企業スポーツに『ただ乗り』日本の特殊性の危うさ」『週刊エコノミスト』2017年7月18日号：pp. 50–51
佐々木勝（2017b）「オリンピックに経済効果はあるのか？」『経済セミナー』2017年4・5月号：pp. 43–50
佐々木勝（2017c）「気鋭の経済論点　『お受験』偏重に警鐘　部活動で将来賃金は1割増加」『日経ビジネス』2017年12月25日・2018年1月1日合併号：pp. 100–101
佐々木勝（2017d）「ランナーの心理　行動経済学で見る目標タイム　ゴール前の加速に科学的根拠」『週刊エコノミスト』2017年12月19日号：pp. 80–81
佐々木勝・森知晴（2017）「労働経済学における実験的手法」，川口大司編『日本の労働市場――経済学者の視点』有斐閣
澤野雅彦（2009）「企業スポーツのいままでとこれから」『現代スポーツ評論』(20): pp. 42–54
スポーツ庁（2017）「運動部活動の在り方に関する総合的なガイドライン作成検討会議（第1回）」（平成29年5月）（https://www.mext.go.jp/sports/b_menu/shingi/013_index/shiryo/1386194.htm）
スポーツ庁（2018）「障害者スポーツの裾野の拡大――鈴木長官　先進事例の現場視察レポート！」スポーツ庁Web広報マガジンDEPORTARE（https://sports.go.jp/

special/case/special-project-2020.html)
スポーツ庁健康スポーツ課（2017）「スポーツの実施状況等に関する世論調査（平成29年度）」（https://www.mext.go.jp/prev_sports/comp/b_menu/other/__icsFiles/afieldfile/2018/03/30/142346_77_1.pdf）
スポーツ庁健康スポーツ課（2020）「スポーツの実施状況等に関する世論調査（令和元年度）」（https://www.mext.go.jp/sports/content/20210526-spt_kensport01-000007034_8.pdf）
スポーツ庁健康スポーツ課（2021）「令和2年度総合地域スポーツクラブに関する実態調査結果概要」（https://www.mext.go.jp/sports/b_menu/sports/mcatetop05/list/detail/1379861.htm）
総務省（2020）「統計トピックス No. 126　統計からみた我が国の高齢者」（https://www.stat.go.jp/data/topics/pdf/topics126.pdf）
谷口真美（2016）「多様性とリーダーシップ――曖昧で複雑な現象の捉え方」『組織科学』50（1）: pp. 4-24
筑波大学（2020）「2019年度スポーツ産業の成長促進事業『スポーツ団体経営力強化推進事業（スポーツ経営人材育成・活用）』報告書」（https://www.mext.go.jp/sports/content/20200508-spt_sposeicy-300000953_01.pdf）
東京都オリンピック・パラリンピック準備局（2017）「東京2020大会開催に伴う経済波及効果（試算結果のまとめ）」（平成29年4月）（https://www.2020games.metro.tokyo.lg.jp/9e1525ac4c454d171c82338c5a9b4c8a_1.pdf）
内閣府（2018）『平成30年版　男女共同参画白書』
内閣府（2020）『令和2年版　高齢社会白書』
中澤篤史（2017）「部活動顧問教師の労働問題――勤務時間・手当支給・災害補償の検討」『日本労働研究雑誌』No. 688: pp. 85-94
長田充弘・尾島麻由実・倉知善行・三浦弘・川本卓司（2015）「2020年東京オリンピックの経済効果」BOJ Reports & Research Papers, 2015年12月（https://www.boj.or.jp/research/brp/ron_2015/data/ron151228a.pdf）
中村英仁（2019）「企業スポーツの脱制度化――休廃部に与える経済的および社会的要因の影響の分析」『スポーツマネジメント研究』11（1）: pp. 21-35
中室牧子・津川友介（2017）『「原因と結果」の経済学――データから真実を見抜く思考法』ダイヤモンド社
日本オリンピック委員会（2019）「平成30年度スポーツ庁委託事業『スポーツビジネスイノベーション推進事業』（③中央競技団体（NF）の経営基盤強化）成果報告書」（https://www.mext.go.jp/prev_sports/comp/a_menu/sports/micro_detail/__icsFiles/afieldfile/2019/04/17/1415580_01.pdf）

日本総合研究所（2020）「2019 年度スポーツ産業の成長促進事業『スポーツ団体経営力強化推進事業』（中央競技団体による普及・マーケティング戦略策定・実施支援事業）事業報告書」（https://www.mext.go.jp/sports/content/20200520-spt_sposeisy-300000952_1.pdf）

松繁寿和（2004）「英語力と昇進・所得――イングリッシュ・ディバイドは生じているか」松繁寿和編著『大学教育効果の実証分析――ある国立大学卒業生たちのその後』日本評論社，第 4 章

松繁寿和（2005）「体育会系の能力」『日本労働研究雑誌』No. 537 : pp. 49–51

早稲田大学スポーツ科学学術院（2020）「2019 年度スポーツ産業の成長促進事業『スポーツ団体経営力強化推進事業（スポーツ経営人材育成・活用）』報告書」（https://www.mext.go.jp/sports/content/20200508-spt_sposeicy-300000953_02.pdf）

Abadie, A., Diamond, A., and Hainmueller, J. (2010) "Synthetic Control Methods for Comparative Case Studies: Estimating the Effect of California's Tobacco Control Program," *Journal of the American Statistical Association,* 105 (490) : pp. 493–505.

Allen, E., Dechow, P., Pope, D., and Wu, G. (2017) "Reference-Dependent Preferences: Evidence from Marathon Runners," *Management Science,* 63 (6) : pp. 1657–1672.

Anbarci, N., Arin, K. P., Kuhlenkasper, T., and Zenker, C. (2018) "Revisiting Loss Aversion: Evidence from Professional Tennis," *Journal of Economic Behavior & Organization,* 153 : pp. 1–18.

Andersen, T., and La Croix, S. J. (1991) "Customer Racial Discrimination in Major League Baseball," *Economic Inquiry,* 29 (4) : pp. 665–677.

Ariga, K., Kurosawa, M., Ohtake, F., Sasaki, M., and Yamane, S. (2013) "Organization Adjustments, Job Training and Productivity: Evidence from Japanese Automobile Makers," *Journal of the Japanese and International Economies,* 27 : pp. 1–34.

Atkinson, G., Mourato, S., Szymanski, S. and Ozdemiroglu, E. (2008) "Are We Willing to Pay Enough to 'Back the Bid'? Valuing the Intangible Impacts of London's Bid to Host the 2012 Summer Olympic Games," *Urban Studies,* 45 (2) : pp. 419–444.

Baade, R. A. and Matheson, V. A. (2002) "Bidding for the Olympics: Fool's Gold?" in Barros, C. P. (ed.), *Transatlantic Sport: The Comparative Economics of North American and European Sports,* Edward Elgar, Cheltenham.

Baade, R. A., Baumann, R., and Matheson, V. A. (2010) "Slippery Slope? Assessing the Economic Impact of the 2002 Winter Olympic Games in Salt Lake City, Utah," *Region et Développment,* 31 : pp. 81–92.

Barron, J. M., Ewing, B. T., and Waddell, G. R. (2000) "The Effects of High School Athletic Participation on Education and Labor Market Outcomes," *Review of*

Economics and Statistics, 82 (3) : pp. 409–421.

Becker, G. S. (1957) *The Economics of Discrimination*, University of Chicago Press, Chicago.

Bewley, T. F. (1999) *Why Wages Don't Fall during a Recession?* Harvard University Press, Cambridge, MA.

Byrne, D. (1971) *The Attraction Paradigm*, Academic Press, New York.

Cabane, C., Hille, A., and Lechner, M. (2016) "Mozart or Pelé? The Effects of Adolescents' Participation in Music and Sports," *Labour Economics*, 41 : pp. 90–103.

Coleman, J. S. (1990) *Foundations of Social Theory*, Harvard University Press, Cambridge, MA.

Cunningham, G. B. (2011) "The LGBT Advantage : Examining the Relationship among Sexual Orientation Diversity, Diversity Strategy, and Performance," *Sports Management Review*, 14 (4) : pp. 453–461.

Deaner, R. O., Geary, D. C., Puts, D. A., Ham, S. A, Kruger, J., Fles, E., Winegard, B., and Grandis, T. (2012) "A Sex Difference in the Predisposition for Physical Competition : Males Play Sports Much More than Females Even in the Contemporary U.S.," *PLOS ONE*, 7 (11) : e49168.

duPont, W., and Noy, I. (2015) "What Happened to Kobe? A Reassessment of the Impact of the 1995 Earthquake in Japan," *Economic Development and Cultural Change*, 63 (4) : pp. 777–812.

Edds, S. (2012) "Economic Impacts of the Olympic Games through State Comparison," Mimeo, University of Chicago.

Emerson J., and Hill, B. (2014) "Gender Differences in Competition : Running Performance in 1,500 Meter Tournaments," *Eastern Economic Journal*, 40 : pp. 499–517.

Felfe, C., Lechner, M., and Steinmayr, A. (2016) "Sports and Child Development," *PLOS ONE*, 11 (5) : e0151729.

Fleming, L. (2004) "PerfectingCross-Pollination," *Harvard Business Review*, 82 (9) : pp. 22–24.

Glaeser, E. L., Laibson, D., and Sacerdote, B. (2002) "An Economic Approach to Social Capital," *Economic Journal*, 112 (November) : pp. F437–F458.

Gneezy, U., Leonard, K. L., and List, J. A. (2009) "Gender Differences in Competition : Evidence from a Matrilineal and a Patriarchal Society," *Econometrics*, 77 (5) : pp. 1637–1664.

Gneezy, U., and Rustichini, A., (2004) "Gender and Competition at a Young Age,"

American Economic Review, 94 (2): pp. 377–381.

Gneezy, U., Niederle, M., and Rustichini, A. (2003) "Performance in Competitive Environments: Gender Differences," *Quarterly Journal of Economics*, 118 (3): pp. 1049–1074.

Groothuis, P. A., and Hill, R. J. (2004) "Exit Discrimination in the NBA: A Duration Analysis of Career Length," *Economic Inquiry*, 42 (2): pp. 341–349.

Hakes, J. K., and Sauer, R. D. (2006) "An Economic Evaluation of the Moneyball Hypothesis," *Journal of Economic Perspectives*, 20 (3): pp. 173–185.

Harison, D. A., and Klein, K. J. (2007) "What's the Difference? Diversity Constructs as Separation, Variety, or Disparity in Organizations," *Academy of Management Review*, 32 (4), pp. 1199–1228.

Heckman, J., Stixrud, J. and Urzua, S. (2006) "The Effects of Cognitive and Noncognitive Abilities on Labor Market Outcomes and Social Behavior," *Journal of Labor Economics*, 24 (3): pp. 411–482.

Henderson, D. J., Olbrecht, A., and Polachek, S. W. (2006) "Do Former College Athletes Earn More at Work? A Nonparametric Assessment," *Journal of Human Resources*, 41 (3): pp. 558–577.

Hoang, H., and Rascher, D. (1999) "The NBA, Exit Discrimination, and Career Earnings," *Industrial Relations*, 38 (1): pp. 66–91.

Horwitz, S. K., and Horwitz, I. B. (2007) "The Effects of Team Diversity on Team Outcomes: A Meta-Analytic Review of Team Demography," *Journal of Management*, 33 (6): pp. 987–1015.

Hotchkiss, J. L., Moore, R. E., and Zobay, S. M. (2003) "Impact of the 1996 Summer Olympic Games on Employment and Wages in Georgia," *Southern Economic Journal*, 69 (3): pp. 691–704.

Humphreys, J. M., and Plummer, M. K. (1995) *The Economic Impact on the State of Georgia of Hosting the 1996 Summer Olympic Games*. Selig Center for Economic Growth, Georgia.

Joshi, A., and Roh, H. (2009) "The Role of Context in Work Team Diversity Research: A Meta-Analytic Review," *Academy of Management Journal*, 52: pp. 599–627.

Kahn, L. M. (2000) "The Sports Business as a Labor Market Laboratory," *Journal of Economic Perspectives*, 14 (3): pp. 75–94.

Kahn, L. M., and Sherer, P. D. (1988) "Racial Differences in Professional Basketball Players' Compensation," *Journal of Labor Economics*, 6 (1): pp. 40–61.

Kahneman, D., and Tversky, A. (1979) "Prospect Theory: An Analysis of Decision under

Risk," *Econometrica,* 47 (2): pp. 263–292.

Kanamori, S., Kai, Y., Aida, J., Kondo, K., Kawachi, I., Hirai, H., Shirai, K., Ishikawa, Y., and Suzuki, K. (2014) "Social Participation and the Prevention of Functional Disability in Older Japanese: The JAGES Cohort Study," *PLOS ONE,* 9 (6), e99638.

Kanamori, S., Kai, Y., Kondo, K., Hirai, H., Ichida, Y., Suzuki, K., and Kawachi, I. (2012) "Participation in Sports Organizations and the Prevention of Functional Disability in Older Japanese: The AGES Cohort Study," *PLOS ONE,* 7 (11), e51061.

Kawaguchi, D., and Ohtake, F. (2007) "Testing the Morale Theory of Nominal Wage Rigidity," *Industrial and Labor Relations Review,* 61 (1): pp. 59–74.

Kőszegi, B., and Rabin, M. (2006) "A Model of Reference-Dependent Preferences," *Quarterly Journal of Economics,* 121 (4): pp. 1133–1165.

Lastuka, A., and Cottingham, M. (2015) "The Effect of Adaptive Sports on Employment among People with Disabilities," *Disability and Rehabilitation,* 38 (8): pp. 742–748.

Lee, W., and Cunningham, G. B. (2019) "Group Diversity's Influence on Sport Teams and Organizations: A Meta-Analytic Examination and Identification of Key Moderators," *European Sport Management Quarterly,* 19 (2): pp. 139–159.

Long, J. E., and Caudill, S. B. (1991) "The Impact of Participation in Intercollegiate Athletics on Income and Graduation," *Review of Economics and Statistics,* 73 (3): pp. 525–531.

Lusher, L., He, C., and Fick, S. (2018) "Are Professional Basketball Players Reference-Dependent?" *Applied Economics,* 50 (36): pp. 3937–3948.

McGarrity, J., Palmer, H. D., and Poitras, M. (1999) "Consumer Racial Discrimination: A Reassessment of the Market for Baseball Cards," *Journal of Labor Research,* 20: pp. 247–258.

Miyoshi, K., and Sasaki, M. (2016) "The Long-Term Impacts of the 1998 Nagano Winter Olympic Games on Economic and Labor Market Outcomes," *Asian Economic Policy Review,* 11 (1): pp. 43–65.

Nardinelli, C., and Simon, C. (1990) "Customer Racial Discrimination in the Market for Memorabilia: The Case of Baseball," *Quarterly Journal of Economics,* 105 (3): pp. 575–595.

Niederle, M., and Vesterlund, L. (2007) "Do Women Shy Away from Competition? Do Men Compete too Much?" 122 (3): pp. 1067–1101.

Ohtake, F., and Sasaki, M. (2013) "Corporate Sports Activity and Work Morale: Evidence from a Japanese Automobile Maker," *Journal of Behavioral Economics and Finance,* 6: pp. 37–46.

Oxford Economics (2012) "The Economic Impact of the London 2012 Olympic & Paralympic Games," LLOYDS Banking Group (https://www.oxfordeconomics.com/my-oxford/projects/129049).

Pawlowski, T., Schüttoff, U., Downward, P., and Lechner, M. (2016) "Can Sport Really Help to Meet the Millennium Development Goals? Evidence from Children in Peru," *Journal of Sports Economics*, 19 (4) : pp. 498–521.

Pope, D. G., and Schweitzer, M. E. (2011) "Is Tiger Woods Loss Averse? Persistent Bias in the Face of Experience, Competition, and High Stakes," *American Economic Review*, 101 (1) : pp. 129–157.

Pope, D. G., and Simonsohn, U. (2011) "Round Numbers as Goals : Evidence from Baseball, SAT Takers, and the Lab," *Psychological Science*, 22 (1) : pp. 71–79.

Putnam, R. (1995) "Bowling Alone : America's Declining Social Capital," *Journal of Democracy*, 6 (1) : pp. 65–78.

Rosen, S. (1974) "Hedonic Prices and Implicit Markets : Product Differentiation in Pure Competition," *Journal of Political Economy*, 82 (1) : pp. 34–55.

Saito, M., Aida, J., Kondo, N., Saito., J., Kato, H., Ota, Y., Amemiya A., and Kondo, K. (2019) "Reduced Long-Term Care Cost by Social Participation among Older Japanese Adults : A Prospective Follow-Up Study in JAGES," *BMJ Open*, 9 (3), e024439.

Sakuda, K. H. (2012) "National Diversity and Team Performance in Low Interdependence Tasks," *Cross Cultural Management : An International Journal*, 19 (2) : pp. 125–141.

Scully, G. W. (1974) "Pay and Performance in Major League Baseball," *American Economic Review*, 64 (6) : pp. 915–930.

Scully, G. W. (1989) *The Business of Major League Baseball*, University of Chicago Press, Chicago.

Siegel, J., and Kodama, N. (2011) "Labor Market Gender Disparity and Corporate Performance in Japan," RIETI Discussion Paper Series, 11–E–075.

Spilling, O. R. (1996) "Mega Event as Strategy for Regional Development : The Case of the 1994 Lillehammer Winter Olympics," *Entrepreneurship & Regional Development*, 8 (4) : pp. 321–344.

Stahl, G. K., Maznevski, M. L., Voigt, A., and Jonsen, K. (2010) "Unraveling the Effects of Cultural Diversity in Teams : A Meta-Analysis of Research on Multicultural Work Groups," *Journal of International Business Studies*, 41 : pp. 690–709.

Stevenson, B. (2010) "Beyond the Classroom : Using Title IX to Measure the Return to

High School Sports," *Review of Economics and Statistics*, 92 (2): pp. 284–301.

Sur, P. K., and Sasaki, M. (2020) "Measuring Customer Discrimination: Evidence from the Professional Cricket League in India," *Journal of Sports Economics*, 21 (4): pp. 420–448.

Tajfel, H., and Turner, J. C. (1979) "An Integrative Theory of Intergroup Conflict," in Austin, W. G., and Worchel, S. (eds), *The Social Psychology of Intergroup Relations*, Brooks-Cole, Monterey, CA.

Tanji, R. (2021) "Reference Dependence and Monetary Incentives: Evidence from Major League Baseball," Discussion Papers in Economics and Business, 20–23, Graduate School of Economics, Osaka University.

Teigland, J. (1999) "Mega-Events and Impacts on Tourism; The Predictions and Realities of the Lillehammer Olympics," *Impact Assessment and Project Appraisal*, 17 (4): pp. 305–317.

Tsuji, T., Kanamori, S., Miyaguni, Y., Hanazato, M., and Kondo, K. (2019a) "Community-Level Sports Group Participation and the Risk of Cognitive Impairment", *Medicine & Science in Sports & Exercise*, 51 (11): pp. 2217–2223.

Tsuji, T., Kanamori, S., Saito, M., Watanabe, R., Miyaguni, Y., and Kondo, K. (2019b) "Specific Types of Sports and Exercise Group Participation and Socio-Psychological Health in Older People," *Journal of Sports Sciences*, 38 (4): pp. 422–429.

Tsuji, T., Miyaguni, Y., Kanamori, S., Hanazato, M., and Kondo, K. (2018) "Community-Level Sports Group Participation and Older Individuals' Depressive Symptoms," *Medicine & Science in Sports & Exercise*, 50 (6): pp. 1199–1205.

Walton, H., Longo, A., and Dawson, P. (2008) "A Contingent Valuation of the 2012 London Olympic Games: A Regional Perspective," *Journal of Sports Economics*, 9 (3), pp. 304–317.

Wang, M., Rieger, M. O., and Hens, T. (2017) "The Impact of Culture on Loss Aversion," *Journal of Behavioral Decision Making*, 30 (2), pp. 270–281.

Williams, K. Y., and O'Reilly, C. A. (1998) "Demography and Diversity in Organizations: A Review of 40 Years of Research," *Research in Organization Behavior*, 20: pp. 77–140.

注

はじめに

1　佐々木（2017a, b, c, d）を参照。

第1章

1　Heckman, Stixrud, and Urzua (2006) を参照。
2　Long and Caudill (1991) を参照。
3　Henderson, Olbrecht, and Polachek (2006) を参照。
4　Barron, Ewing, and Waddell (2000) を参照。
5　梅崎（2004）を参照。
6　松繁（2004）を参照。
7　松繁（2005）では，梅崎（2004）の研究を含めた松繁自身の研究成果を初学者向けにわかりやすく解説している。
8　大竹・佐々木（2009）を参照。
9　大竹・佐々木（2009）では，6段階の職能資格を係長以上なら「昇進している」，それ未満なら「昇進していない」の2つに大きく分けて，スポーツ活動が高職位への昇進に及ぼす影響の度合いも推定した。高卒従業員に限ると団体スポーツの経験は昇進にプラスの効果があった。部下を統率する立場にある高職位に昇進するには，統率力や協調性を習う機会が多かった団体スポーツでの経験が有利に働くと考えられる。
10　見せかけの相関によるスポーツ活動の過大評価のほかに，資格が高い従業員ほど仕事に忙しくスポーツ活動をする時間的余裕がないことも考えられる（逆の因果関係)。この場合，スポーツ活動の効果を過小に評価してしまう。
11　Felfe, Lechner, and Steinmayr (2016) を参照。
12　Pawlowski et al. (2016) を参照。
13　中室・津川（2017）は傾向スコア・マッチング法のエッセンスをわかりやすく解説している。
14　Cabane, Hille, and Lechner (2016) を参照。この論文でも傾向スコア・マッチング法を採用している。
15　中澤（2017）を参照。

第2章

1　スポーツ庁（2017）を参照。
2　Deaner et al. (2012) を参照。

3　2017年版と2015年版の違いは，2017年版は12歳から21歳までの青少年を対象としているが，2015年版は10歳から19歳の10代の青少年を対象としている。本章では，大学生や就業している青年と比較して中高生の運動部活動によるスポーツ参加に着目しているので，小学生は削除した。

4　数は少ないが，残りは在学も働いてもいない人である。

5　具体的には，スポーツ活動をしているか否かという二値変数を被説明変数としたプロビット・モデルを推定する。説明変数は，本人の年齢，性別，現在の状況（中学，高校，大学とその他，就業），性別と現在の状況の交差項，親のスポーツ歴，居住地のタイプ，データの年ダミーである。

6　95～96% の保護者が親であると回答した。小学，中学，高校，大学の各修学時期にスポーツ活動をしていれば1点とする。したがって，最大値4，最小値0となる。そして，スポーツ歴の程度に関して個人の相対的な位置づけがわかるように，この点数を平均値がゼロ，標準偏差が1になるような標準得点に変換する。標準得点が高いほどスポーツ実施頻度が高いことを意味する。標準化すると尺度や単位を気にせずに変数同士の比較ができる。標準偏差とは，データの散らばりの度合いを示す指標のことである。

7　スポーツ実施頻度を示す標準得点を被説明変数とした線形回帰分析をする。説明変数は，本人の年齢，性別，現在の状況（中学，高校，大学とその他，就業），性別と現在の状況の交差項，親のスポーツ歴，居住地のタイプ，データの年ダミーである。

8　Cabane, Hille, and Lechner (2016) を参照。

9　Stevenson (2010) を参照。

10　Gneezy, Niederle, and Rustichini (2003) を参照。

11　正確には，出来高制の場合，1問当たり2シェケル（現在のレートで67円）獲得できる。トーナメント制の場合，1位だけが1問当たり12シェケル（約400円）を受け取ることができるが，1位以外は報酬を受け取ることはできない。

12　Niederle and Vesterlund (2007) を参照。

13　ピッツバーグ大学の大学生が実験参加者となった。報酬方法としては，出来高制の場合，1問当たり50セントを受け取り，トーナメント制の場合，1位だけが1問当たり2ドルを受け取ることができる。1位以外は報酬なしとなる。1位になる確率は25% なので，トーナメント制で獲得できる報酬の期待値は50セントと出来高制の報酬と同じにしてある。

14　Gneezy and Rustichini (2004) を参照。経済実験の手法は大きく分けて，「ラボ実験（実験室実験)」と「フィールド実験」がある。ラボ実験では，参加者（被験者）を実験室に集めて実施するので，実験環境を厳密に制御することができる。しかし，一般的にラボ実験は大学内の実験室で実施するので，参加者が大学生に偏ってしまう

ことがラボ実験のデメリットである。そこで，広く一般の人々を対象にするのがフィールド実験である。ただ，ラボ実験のように，実験環境を厳密に制御することは難しくなる（佐々木・森 2017 参照）。

15　Gneezy, Leonard, and List (2009) を参照。

16　Emerson and Hill (2014) を参照。

17　2019 年世界陸上ドーハ大会では，男子 1500 m の予選は 10 月 3 日，準決勝は 4 日，決勝は 1 日空けて 6 日にあった。1 日 1 本といっても連日 3 本走ることは相当体力を消耗する。

18　そのほかにワールドアスレチックス（旧国際陸連：IAAF）が主催するリーグ戦（ダイアモンド・リーグ）がある。例年 5 月から 9 月まで年間 14 戦をヨーロッパ，北米，アジアで開催される陸上競技大会である。

第 3 章

1　Kahneman and Tversky (1979) を参照。プロスペクト理論を構成するもう 1 つの重要な理論は，「確率加重関数」である。これは自分で事象が発生する確率を予想する際に，自分の都合のよいように予想することである。つまり，自分が予想する主観的確率と客観的確率が一致しないことを意味する。

2　Wang, Rieger, and Hens (2017) を参照。

3　このように手元のモノを高く評価することを「授かり効果」という。

4　びわ湖毎日マラソン大会は 2021 年を最後に終了し，大阪マラソンと統合することが決定した。福岡国際マラソン大会は 2021 年を最後に終了する予定である。

5　スポーツエントリーのホームページ（https://www.sportsentry.ne.jp/）を参照。

6　Allen et al. (2017) を参照。

7　Pope and Simonsohn (2011) を参照。

8　Tanji (2021) を参照。

9　Pope and Schweitzer (2011) を参照。

10　この考え方は Kőszegi and Rabin (2006) の expectation based reference-dependent model をベースとしている。

11　市民マラソン・ランナー，プロ野球選手，プロゴルファーだけでなく，そのほかのスポーツ選手も損失回避的な特性を持つ。たとえば，バスケットボール選手も損失回避的である（Lusher, He, and Fick 2018）。

12　Anbarci et al. (2018) を参照。

第 4 章

1　研究者ではない人々を対象に最新の研究内容を解説することを目的とした雑誌であ

る *Journal of Economic Perspectives* に，スポーツ・データを使った既存研究をまとめたサーベイ論文が掲載されている（Kahn 2000）。

2　B リーグ（B. LEAGUE）は，日本の男子プロ・バスケットボールの最高峰のリーグとして 2016–2017 シーズンから始まり，1 部リーグ（B1）では，2020–2021 シーズン時点で 2 地域（東地区と西地区）にそれぞれ 10 チームの計 20 チームが優勝をめざしてリーグ戦を戦った。2 部リーグ（B2）は東西の各地区に 8 チーム，計 16 チームで構成されており，B1 昇格をめざしてリーグ戦を戦った。

3　アメリカの新聞 USA TODAY の電子版（https://www.usatoday.com/sports/mlb/salaries/）から 2020 年確定年俸のランキングを閲覧することができる。最も年俸が高かったのは，大谷翔平選手と同じロサンゼルス・エンゼルスに所属するマイク・トラウト選手で，その額は 3711 万 6667 ドルと日本円に換算するとほぼ 41 億円であった。

4　Hakes and Sauer（2006）を参照。

5　Becker（1957）を参照。

6　Nardinelli and Simon（1990）を参照。彼らの研究では，バッターの場合，マイノリティの選手の取引価格はマジョリティの選手よりも 10% 低く，ピッチャーの場合は 13% 低かったことを示した。Andersen and La Croix（1991）は Nardinelli and Simon（1990）と同様に，ベースボール・カードの取引価格からファンによる差別を検証した。分析の結果，ラテン系の選手に対する差別はなかったが，アフリカ系アメリカ人選手に対する差別はあったと結論づけた。

7　McGarrity, Palmer, and Poitras（1999）を参照。

8　Sur and Sasaki（2020）を参照。Indian Premier League（IPL）は 2008 年に 8 チームでスタートした。外国人選手は各チーム 4 人まで登録することができた。

9　クリケットは，各チーム 11 人の 2 チームが攻撃側と守備側に分かれて半径 70 メートルほどの楕円形のフィールドで対戦する球技である。主にイギリス連邦に属する国々で盛んで，4 年に 1 度ワールドカップが開催される。野球と同様に，守備側のボウラー（野球でいうピッチャー）がバッツマン（野球でいうバッター）にボールを投げる。アウトの数え方や得点のルールなどは野球と異なる。詳細なルールに関しては，日本クリケット協会のウェブサイト（https://cricket.or.jp/about-cricket）を参照。

10　Groothuis and Hill（2004）を参照。1989～99 年シーズンに NBA でプレイした選手のデータを使用している。

11　Kahn and Sherer（1988）の研究は，1985 年の NBA ドラフトでは，人種でドラフト順位が変わらないことを示した。したがって，1985 年時点で統計的差別はなさそうだ。しかし，Hoang and Rascher（1999）の研究によると，1980～86 年のドラフトで第 2 巡目までに選ばれた選手を対象に調査したところ，Groothuis and Hill（2004）

の研究と異なり，アフリカ系アメリカ人選手の退出確率は白人選手よりも統計的に有意に高い結果となった。

12　NPB の場合，国内移籍の FA 権取得に必要な年数は 7〜8 年であり，海外移籍の FA 権の場合は 9 年と定められている。J リーグでは契約期間中に移籍する場合，移籍先チームが元のチームに移籍補償金を支払う。その他に，一時的にチームに移籍するレンタル移籍制度があり，この場合も移籍補償金が発生する場合がある。

13　同じような理由で芸能事務所間の移籍制限がある。

14　Scully (1989) を参照。この研究は Scully (1974) の研究を発展させたものである。Scully (1974) の研究によると，1967〜68 年のシーズンでは，平均的な選手は彼らの活躍に見合った金額の約 20%，そしてスター選手だと約 15% しかもらっていなかったと報告した。

15　公正取引委員会競争政策研究センター (2018) を参照。人手不足解消の対策の 1 つとして，副業が促進されている。フリーランスとして多くの労働者が副業に励むことが見込まれるが，企業に対して立場の弱いフリーランス人材が不利な条件で労働契約を結ぶことがないよう，また過度に囲い込まれないようにするために独占禁止法が適用できるかについて検討された。

16　公正取引委員会 (2019) を参照。

17　「スポーツ選手の移籍制限，独占禁止法違反のおそれも」日本経済新聞電子版，2019 年 11 月 16 日 (https://www.nikkei.com/article/DGXMZO52204170V11C19A1TCJ000/) を参照。

18　「日本実業団陸上競技連合がルール改定，選手の『移籍の自由』尊重」サンケイスポーツ電子版，2020 年 2 月 9 日 (https://www.sanspo.com/article/20200209-SCQ23DF37ZLLHBN6HOOVJHAHZ4/) を参照。

19　NPB の FA 制度では，移籍先チームが移籍元のチームに移籍金を支払う補償制度がある（日本プロ野球選手会のウェブサイトを参照：http://jpbpa.net/transfer/?id=1285571257-261238)。人的補償は選手の年俸によってランクづけされているが，一番高くて移籍元のチームから支払われた年俸の 80% ほどである。FA 制度は選手の権利なので，移籍元にそれほど移籍金を払う必要はないと考えられる。ここでは，単純化のために移籍金をゼロとする。

第 5 章

1　日本代表選手 31 人中，15 人が外国出身者であった。15 人のなかには主将のリーチ・マイケルのように日本に帰化した選手もいるが，約半分の 7 人が外国籍の選手であった。「ラグビー日本代表は，なぜ 31 人中 15 人が外国人選手なのか？　スポーツと国籍問題を考える」Business Journal, 2019 年 9 月 28 日 (https://biz-journal.

jp/2019/09/post_120919.html)。

2　「アジア特別枠」は 2020-2021 年シーズンから設けられた。該当するアジアの国・地域は，中国，台湾，インドネシア，フィリピン，韓国である。

3　Harison and Klein (2007) はダイバーシティの分け方を次のように示した。1 つ目は権力・影響力や富があるか否かで分ける「格差の観点」(disparity)，2 つ目は価値観で分ける「距離の観点」(separation)，そして 3 つ目は知識，スキル，能力で分ける「種類の観点」(variety) である。谷口 (2016) を参照。

4　Horwitz and Horwitz (2007) のメタ分析によると，デモグラフィー型のダイバーシティは企業のパフォーマンスに対して統計的な効果が見られなかったが，タスク型ダイバーシティはプラスの効果があることを示した。Joshi and Roh (2009) はデモグラフィー型のダイバーシティはマイナスの効果があったことを示した。Stahl et al. (2010) はデモグラフィー型の 1 つである文化のダイバーシティに着目してメタ分析をしたところ，仕事上のいざこざや決断力の欠如というマイナスの部分がある一方で，組織の創造性や満足度に対してはプラスの効果があったと述べた。

5　Tajfel and Turner (1979) を参照。

6　Byrne (1971) を参照。

7　たとえば，男性本人は男女平等に扱っているつもりでも無意識に男性を優遇していることを意味する。性別も含めたさまざまな人々に対する潜在的な態度を測定する方法として潜在連合テスト (IAT) がある。

8　Williams and O'Reilly (1998) を参照。

9　Fleming (2004) を参照。イノベーションの価値の代理変数として特許数を使った。

10　Lee and Cunningham (2019) を参照。

11　Cunningham (2011) を参照。

12　Siegel and Kodama (2011) を参照。

13　乾ほか (2014) を参照。役員四季報（東洋経済新報社）と日経 NEEDS 企業財務データ（日本経済新聞）から有価証券報告書を提出した一般事業会社のデータを使用。イノベーションの活動度合いを示す指標として研究開発投資集約度と特許出願件数を利用した。

14　Sakuda (2012) を参照。

15　入山 (2019) 第 13 章を参照。

16　Ariga et al. (2013) を参照。

17　お股ニキ (2019) はパ・リーグのチームがセ・リーグのチームよりも強く，そしてパワー重視のメジャーリーグに多くの選手を輩出している理由として DH 制度をあげている。

第6章

1　「ラグビー人気復活へ,『プロ化宣言』で動き始めた大改革」Diamond Online, 2019年8月25日（https://diamond.jp/articles/-/211376）を参照。

2　佐々木（2005）は学術雑誌（『日本労働研究雑誌』）の初学者を対象とした特集号で企業はスポーツ・チームを持つべきかを短く論考している。第6章はその論考をもとに発展させたものである。

3　すべての企業スポーツ選手は正規の従業員というわけではない。企業やスポーツ種目で異なるが，一般的に野球やラグビーの選手は正規の従業員が多く，バスケットボールのプロリーグであるBリーグが始まる前の選手は契約社員が多かった。

4　日本オリンピック委員会（JOC）のホームページ（https://www.joc.or.jp/）から学生代表選手（中学・高校・大学）を数え，それ以外を「社会人選手」と算出した。出場者数338人，学生56人，残り社会人282人であった。

5　Ohtake and Sasaki (2013) を参照。賃金カットや成果主義の導入が労働意欲に与える変化を主観的なデータから検証した研究はいくつかある。賃金カットに関する先駆的な研究はBewley (1999) であり，アメリカで調査した独自のデータから賃金カットは労働意欲を削ぎ，その結果，生産量も減ることを示した。日本に関してはKawaguchi and Ohtake (2007) がある。成果主義の導入の影響に関する研究としては太田・大竹（2003）や大竹・唐渡（2003）がある。

6　荻野（2007）は，Ohtake and Sasaki (2013) のような従業員のモラールに対する企業スポーツの役割ではなく，福利厚生・人事労務管理の観点から企業スポーツの貢献や可能性について述べた。

7　残りの男女バスケットボールに関してはデータの欠落（無回答）が多かったので分析をしなかった。

8　左辺は0または1の二値の離散変数としたプロビット・モデルの推定方法を採用した。

9　係数は年齢の限界効果（年齢が変化したときに確率がどれだけ変化したか）を示す。

10　年齢が高いほどスポーツ好きだと仮定すれば，年齢ではなくスポーツ好きな従業員ほど自社の強化チームが勝てば労働意欲が高まると解釈できる。しかし，スポーツ好きの指標（スポーツ新聞の購読，スポーツ観戦，スポーツ番組の視聴）と労働意欲の変化を示す二値の変数は相関していなかったので，この仮説は支持できないと考えた。

11　ラグビー，野球，駅伝のいずれも5%有意ではないが，10%有意と限定的な結果となった。

12　野球のみ10%と限定的ではあるが，統計的に有意であった。

13　Rosen (1974) は，補償賃金モデルに基づいて危険な仕事には賃金にリスク・プレミアムが上乗せされているという仮説を提唱した。

14　企業スポーツとしての付加給付と賃金の間に補償賃金モデルに基づいた仮説が成立しているかどうかの実証研究はないが，黒田・山本（2013）はワークライフ・バランス施策と賃金の間で補償賃金モデルに基づいた仮説が成立するかを検証した。彼らの研究によると，ワークライフ・バランス施策の1つであるフレックスタイム制度を利用している男性従業員の場合では，最大9% 賃金が低かったと報告している。そのほかに久米（2010）の研究は危険な仕事を選ぶ選好と賃金の間に補償賃金モデルに基づいた仮説が成り立つかを検証した。

15　佐伯（2017）は今後，グローバル化に伴い企業が抱える経営課題は組織力開発であると主張し，そしてその課題解決の可能性として企業スポーツという経営資源に期待していると述べた。

16　中村（2019）を参照。澤野（2009）は派遣社員の増加によって，士気高揚の役目を担う企業スポーツの必要性がなくなったと結論づけた。

第7章

1　第7章は，佐々木（2014）を大幅に加筆・修正したものである。

2　外部性による市場の歪みを修正するための補助金を，イギリスの経済学者であるアーサー・ピグーにちなんで「ピグー補助金」といい，税金の場合は「ピグー税」という。

3　「企業とスポーツ　日立ソリューションズ（中）障害者アスリート支援」Sankei Biz, 2017年9月19日（https://www.sankeibiz.jp/business/news/170919/bsg1709190500003-n2.htm）を参照。

4　「トヨタ自動車，平昌2018冬季パラリンピックで12か国25人のパラアスリートをサポート」トヨタ自動車ウェブサイト，2018年3月8日（https://global.toyota/jp/newsroom/corporate/21332250.html）を参照。

5　「『チェアスキー』日本の進化　トヨタの技術でより軽く」『日本経済新聞』2018年3月18日付朝刊を参照。

6　「金の疾走，支えたチェアの技　大阪の福祉用具メーカー」朝日新聞デジタル，2014年3月13日を参照（https://www.asahi.com/articles/ASG355VMJG35PTIL03T.html）。

7　日本オリンピック委員会（2019），日本総合研究所（2020）を参照。

8　筑波大学（2020），早稲田大学スポーツ科学学術院（2020）を参照。

9　笹川スポーツ財団（2018）を参照。

10　スポーツ庁健康スポーツ課（2017）を参照。

11　スポーツ庁（2018）を参照。

12　厚生労働省（2021）を参照。

13　Lastuka and Cottingham（2015）を参照。

第8章

1　オリンピック・パラリンピック大会の経済効果を検証する研究は数多くある。同じオリンピックを対象にしても，経済効果があった研究結果やなかった研究結果が混在している。1996年アトランタ大会に関して，Hotchkiss, Moore, and Zobay（2003）や Humphreys and Plummer（1995）は雇用創出のように経済効果があったと主張する一方で，Edds（2012）の研究によると経済効果は限定的であったと結論づけた。Baade and Matheson（2002）は，3467人から4万2448人の雇用が創出されたと算出した。

2　Miyoshi and Sasaki（2016）を参照。

3　冬季オリンピック・パラリンピックの経済効果を検証した研究もある。Baade, Baumann, and Matheson（2010）は2002年ソルトレイクシティ大会，Spilling（1996）と Teigland（1999）は1994年リレハンメル大会を研究対象にした。限定的ではあるが，一部の観光業や飲食業にプラスの効果があったと報告している。

4　オリンピック・パラリンピック教育に関する有識者会議（第3回）の資料1「長野市オリンピック・パラリンピック教育」（https://www.mext.go.jp/b_menu/shingi/chousa/sports/024/shiryo/__icsFiles/afieldfile/2015/07/03/1359320_01.pdf）を参照。

5　県別の GDP データを含めた県民経済計算のデータは内閣府のウェブサイト（https://www.esri.cao.go.jp/jp/sna/sonota/kenmin/kenmin_top.html）にて閲覧できる。GDP は GDP デフレータで実質化したものを利用している。

6　「長野市の財政状況」（2010年）（https://www.city.nagano.nagano.jp/uploaded/attachment/14682.pdf）を参照。

7　Atkinson et al.（2008）を参照。Walton, Longo, and Dawson（2008）も仮想評価法を使って2012年ロンドン大会の経済効果を推定した。彼らはロンドン郊外のバースとサウス・ウエストで大会開催前に収集したデータを採用した。彼らの研究によるとオリンピックの価値はバースで583万ポンド，サウス・ウエストで1億7327万ポンドと推定した。

8　Oxford Economics（2012）を参照。

9　長田ほか（2015）を参照。

10　東京都オリンピック・パラリンピック準備局（2017）を参照。

11　木内（2021）を参照。

12　Abadie, Diamond, and Hainmueller（2010）を参照。

13　duPont and Noy（2015）を参照。

第9章

1　総務省（2020）を参照。

2　内閣府（2020）第 1 章第 2 節を参照。

3　「スポーツの実施状況等に関する世論調査」（スポーツ庁）（https://www.mext.go.jp/sports/b_menu/toukei/chousa04/sports/1402342.htm）を参照。

4　詳しくは日本老年学的評価研究のホームページ（https://www.jages.net/）を参照。

5　Saito et al.（2019）を参照。この追跡データに行政機関が持っている介護保険認定・給付データを結合した。このデータから月別に各個人の要介護度や介護保険サービス給付額を把握することができる。

6　介護保険認定・給付データから得られる介護保険サービス給付額を 3 カ月ごとの介護費用と設定した。

7　週 1 回以上スポーツ・クラブに参加していた割合を研究対象地域の高齢者全数に割り当てると 1305 人だったので，その 10% は 131 人となる。スポーツ・クラブに参加する人が 10%，すなわち 131 人増えたら，131 人×61 万円＝7991 万円分の介護費用を抑制することができると推定した。同様の手法から，週 1 回以上趣味の会に参加していた人数は 2240 人になるので，その 10% は 224 人となる。趣味の会に参加する人が 10%，すなわち 224 人増えたら，224 人×35 万円＝7840 万円分の介護費用を抑制することができると推定した。いずれにしろ，約 8000 万円分の介護費用を削減できる可能性がある。

8　伊藤ほか（2019）を参照。8 種類の活動（ボランティア，趣味関連，スポーツ，介護予防・健康づくり，町内会・自治会，老人クラブ，学習・教養サークル，特技や経験を伝える活動）に区別して要介護認定率との相関を推定した。

9　91 の市区町を人口密度から 3 群（高群：30 市区，中群：31 市区，低群：30 市区町）に分けた。

10　Kanamori et al.（2012）を参照。JAGES の前身である愛知県の高齢者を対象とした老年学評価研究（AGES）チームによって 2003 年から 4 年間にわたって収集された追跡調査データを使った。この研究でのデータ規模は 1 万 1581 人である。

11　スポーツ・クラブに入ってスポーツすることに対して 1 人でする場合のハザード比が 1.29（95% の信頼区間：1.02–1.64）であった。これは，スポーツ・クラブで仲間と一緒にスポーツすることに比べて，1 人でする場合の偶発的な事故に遭遇して能力障害に陥ってしまう確率が 29% 高いこと意味する。信頼区間の下限が 1 よりも大きいので，この推定結果は統計的に 5% 有意といえる。

12　スポーツ・クラブに入ってスポーツすることに対してスポーツをしない場合のハザード比が 1.65 なので，スポーツをしないことに対して 1 人でスポーツをする場合のハザード比は 1.29/1.65＝0.78 となる。これは，スポーツをしないことと比較して，1 人でスポーツをしていると能力障害に陥る確率が 22% 低くなることを意味する。

13　Kanamori et al.（2014）を参照。Kanamori et al.（2012）と同じデータを使用。

14　スポーツ・クラブに入って活動することで，偶発的な能力障害だけでなく，認識機能障害やうつ病になる確率も低下すると報告する研究もある（Tsuji et al. 2018, 2019a）。

15　ソーシャル・キャピタルは，もともと政治学や社会学の分野で分析・研究されたトピックである。Coleman（1990）と Putnam（1995）を参照。経済学の分野では，コミュニケーション能力のような社会で必要な技能のことを意味し，金銭的・時間的な投資費用を支払い，そのリターンとして社会的技能を習得すると捉えられている（Glaeser, Laibson, and Sacerdote 2002）。

16　井手ほか（2018）を参照。2010 年の時点で全国 31 市町村から要介護認定を受けていない 65 歳以上の高齢者を対象。9 万 8774 の標本数を分析に使用した。ソーシャル・キャピタルに関する指標（SC 指標）として，「社会的サポート」「社会参加」「社会的ネットワーク」などに該当する 35 項目を作成した。要介護リスクに関する指標は，「生活機能低下」「フレイル（虚弱）」「運動機能低下」「低栄養」「口腔機能低下」「閉じこもり」「認知機能低下」「うつ」の 8 つである。

17　Tsuji et al.（2019b）を参照。

18　2016 年に 18 道県・39 市町村から 65 歳以上の高齢者を対象に調査をした。

19　ランダム化対照実験と呼ばれる。詳しくは伊藤（2017），中室・津川（2017）を参照。

20　第 8 章で説明した「機会費用」である。

21　スポーツ庁健康スポーツ課（2021）を参照。

22　総務省ウェブサイト（https://www.soumu.go.jp/gapei/gapei2.html）を参照。北方領土の 6 村を含めると 1724 となる。

23　60 歳以上の視聴者に最も人気のある健康テレビ番組は「ためしてガッテン（NHK）」（44.7%），そして「主治医が見つかる診療所（テレビ東京系）」（20.9%），「名医とつながる！　たけしの家庭の医学（テレビ朝日系）」（19.2%）と続く。2018 年 7 月 20 日から 26 日までにアンケート調査を実施。有効回答数は 2266（nifty ニュース編集部，2018 年 8 月 3 日：https://news.nifty.com/article/item/neta/12225-066588/）。

24　スポーツ庁健康スポーツ課（2020）を参照。

25　笹川スポーツ財団（2020）を参照。全国 18～79 歳の 5000 人を対象に 2020 年 6 月 3 日から 5 日に実施された。

おわりに

1　読売新聞オンライン（2021 年 6 月 6 日）を参照（https://www.yomiuri.co.jp/election/yoron-chosa/20210606-OYT1T50178/）。

● **著者紹介**

佐々木 勝（ささき まさる）

大阪大学大学院経済学研究科教授

1993 年，テンプル大学本校教養学部卒業。1998 年，ジョージタウン大学大学院経済学研究科博士課程修了。1998 年，経済学博士号取得（ジョージタウン大学）。

主な著作に，“Measuring Customer Discrimination: Evidence from the Professional Cricket League in India” (with Pramod Kumar Sur, *Journal of Sports Economics,* 2020), “The Effects of Pricing Strategies on Team Revenues in the National Hockey League” (with Wen-Jhan Jane and Jye-Shyan Wang, *International Journal of Sport Finance,* 2019), “The Long-Term Impacts of the 1998 Nagano Winter Olympic Games on Economic and Labor Market Outcomes” (with Koyo Miyoshi, *Asian Economic Policy Review,* 2016),「企業によるスポーツ支援の有効性――経済学的アプローチからの考察」(『季刊家計経済研究』, 2014 年）などがある。

経済学者が語るスポーツの力

Life Lessons Sports Teach Us from Economic Perspectives

2021 年 10 月 5 日　初版第 1 刷発行

著　者　佐々木　勝

発行者　江草貞治

発行所　株式会社 有斐閣

郵便番号 101-0051

東京都千代田区神田神保町 2-17

電話（03）3264-1315〔編集〕

（03）3265-6811〔営業〕

http://www.yuhikaku.co.jp/

印刷・大日本法令印刷株式会社／製本・大口製本印刷株式会社

ISBN 978-4-641-16585-4